Tensión del junco

Serafín de la Hoz Veros

# Tensión del junco
# (Poemario)

Prólogo
de
Nicolás Castellanos,
obispo emérito de Palencia

Pozuelo de Alarcón
(Madrid)

**Ilustración de cubierta**: Puesta del sol sobre el río Riaza a su paso por Hontangas (Burgos)

―――

© **Del texto**: Serafín de la Hoz Veros
© **De la edición**: Rafael Alejandro Lazcano González
https://lazcanoeditor.blogspot.com
http://rlazcano.blogspot.com
rafael.lazcano@gmail.com

―――

ISBN: 978-84-09-26957-0
e-ISBN: 978-84-09-26958-7
Depósito Legal: M.-2872-2021

―――

**Todos los derechos reservados**

―――

**BoD - Books on Demand**
info@bod.comp.es - www.bod.es
Impreso en Alemania - Printed in Germany

*La andadura del alma es el amor.*

(San Agustín)

# Prólogo

La historia, maestra de la vida. "La historia es ejemplo y aviso de lo presente y advertencia del porvenir" (*Don Quijote de la Mancha*, I, 9). La vida hoy se ha vuelto, por una parte, apasionante. Nunca en el pasado se había vivido tan bien como ahora, claro, no todos. Hoy llama a nuestra puerta el sueño de la ternura (*Evangelii Gaudium*, 213) y el sueño de la Fraternidad y amistad social, (*Fratelli Tutti*) y la parábola del Buen Samaritano, siempre antigua y siempre nueva.

"Más allá de las fronteras de religión, razas, lenguas, clases, nación hay que luchar contra las causas estructurales de la pobreza, la desigualdad, la falta de trabajo, de tierra y de vivienda, que glosa el Papa, recordando las tres "T" (Techo, Tierra y Trabajo), y luchando contra quienes niegan los derechos sociales y laborales. Luchando contra esa cultura que lleva a usar a los demás, a esclavizar a los otros y termina en quitar la dignidad de los demás. No olviden que la solidaridad, entendida en su sentido más hondo, es un modo de hacer historia".

Se trata de escuchar "la música del Evangelio" para comprender "la alegría que brota de la compasión, la ternura que nace de la confianza, la capacidad de reconciliación que encuentra su fuente en sabernos siempre perdonados – enviados; siempre que esa música se escuche en nuestras casas, en nuestras plazas, en los trabajos, en la política y en la economía".

En definitiva, descubrir que en Jesús de Nazaret se encuentra el verdadero y pleno sentido de la historia, de la humanidad. Jesús siempre acoge, nunca amenaza, nos invita a no desentendernos de las personas que sufren el dolor, la injusticia, la necesidad, la discriminación, el rechazo... Lo importante en la vida es estar atentos al sufrimiento de *los Nadies*, de todos. El referente es Jesús que abraza, que acoge a todos: Enfermos, pecadores, publicanos, adinerados, pobres, leprosos, heridos por la vida.

Pero Jesús no es el "aguafiestas", que muchas veces nos han presentado. Jesús se identifica con la boda, el banquete, la comensalía, que representan la fiesta, la alegría de la vida, el disfrute, la felicidad, el placer. Jesús era una persona normal, que asistía a bodas, banquetes y convivía con todo el mundo. La religión de Jesús no se aferraba a lo antiguo, a los ritos, rituales, abluciones o al templo. La religiosidad de Jesús es humana, entrañable, personalizada y siempre humaniza. Dios se humanizó en Jesús y desde entonces el camino para llegar a Dios es la persona humana, al decir de San Agustín.

Jesús es la solución a todos los males de la humanidad. Porque no está en querer subir, escalar puestos, sino, más bien, bajar, mirar y detenerse con los que menos tienen. Precisamente ahí radica la mayor fuente de felicidad. La Buena Noticia, la felicidad, la alegría, no se encuentra en el cuadro de valores de esta sociedad global, injusta, consumista y establecida en desigualdad. La felicidad se encuentra en donde está lo más entrañablemente humano, se encuentre donde se encuentre. Y en la medida en que nos acerquemos al proyecto de humanización de Jesús encontraremos remedio a los problemas actuales, a esa realidad lacerante, cuajada de señales de muerte en esta cultura del descarte, que nos arroja en el indiferentismo, relativismo, referencialidad egocéntrica, consumismo, pesimismo, populismo...

Un factor determinante, multiplicador, seductor de humanización es la belleza. Sin belleza no existe identidad humana. Nuestro mundo tiene sed de belleza... Y un mundo sin belleza pierde su fuerza atractiva, viene a ser igual hacer el bien que el mal... En un mundo en donde no se afirme la belleza, no tienen fuerza los argumentos que demuestran la verdad, pierden contundencia Dostoievski va más allá: "El mundo será salvado por la belleza".

**¿Qué belleza salvará al mundo?** Encuentra eco en el cardenal Martini, que responde, nos dice qué tipo de belleza salva al mundo. No la belleza seductora, que nos aparta de la verdadera meta, a la que se dirige el corazón inquieto. Se trata de *la belleza siempre antigua y siempre nueva* de San Agustín, que es fruto de la conversión, tocada por la belleza de Dios. Es la belleza del Pastor hermoso, que ha dado la vida por sus ovejas (Jn 10, 11).

Jesús en el Evangelio de Juan se presenta a sí mismo como "el pastor bello", en un texto que solemos traducir, como el "Buen Pastor". La palabra bíblica que mejor expresa la belleza y la belleza de Dios manifestada en nosotros, según Martini es "esplendor", "fascinación", que se traduce en atracción gozosa, sorpresa agradable, enamoramiento, entrega ferviente, entusiasmo, que nos lleva a contemplar la vida, al lado del amigo, de la persona amada, de otra manera, con visión nueva, tocada de futuro, esperanza, a pesar de la espesura y espesor de la oscuridad compleja, que nos envuelve. Y en esa dirección nos empuja a salir de nosotros mismos. No es que la belleza cure o sane las heridas. No disipa las sombras, las dudas, los peligros, el quebranto de la complejidad, pero te dispone interiormente a la serenidad, al sosiego, a la paz interior.

El sentido estético te eleva sobre la realidad, te trasciende, te abre horizontes, infunde esperanza, contagia ganas de vivir, te enciende el espíritu, lo mejor de la persona... Y cuando decimos que nos trasciende es porque nos hace salir de nosotros mismos, de nuestros egocentrismos captativos y nos empuja a levantar la bandera de la LIBERTAD. Belleza y libertad caminan juntas, la belleza se expresa en la libertad. Donde no existe libertad, no hay belleza. Belleza y libertad constituyen la identidad humana en gran medida.

Nos vamos aproximando a la belleza de la poesía inspirada de Serafín de la Hoz Veros, OSA, bibliotecario del Monasterio de Santa María de la Vid (Burgos), de los Agustinos. Ciertamente la belleza se expresa de mil formas, en el teatro, en la música, en la danza, en la poesía. Hoy la analizamos desde la poesía, que es la manifestación de la belleza o el sentimiento estético que se expresa mediante la palabra en verso.

La fuerza, el lirismo de los versos inspirados, suscitan un sentimiento de belleza. Y nuestro poeta inspirado, fray Serafín de la Hoz, expresa en sus versos una sensibilidad acusada de belleza, de descubrir el otro sentido de la vida en plenitud. Es decir, la vida hecha poesía, belleza, intuición, desafío, hontanar de aguas remansadas, trasunto de paz, alegría y bienestar, remontando lo prosaico de la visión cotidiana para intuir horizontes apasionantes de futuro.

Conozco a Serafín desde la juventud, en el monasterio de Santa María de La Vid y siempre le percibí con un talante poético, visionario de la otra cara de la vida, con frecuencia inédito. En Serafín el perfil poético se enraíza en el viejo castellano, recio y duro, sensible y humano del hombre nacido en Hontangas (Burgos). Quiero adentrarme en el alma del poeta Serafín. Soy lector asiduo de sus poesías. Toca todos los temas, con preferencia la humanidad doliente y dolorida, la trascendencia cercana al ser humano, la ternura de María.

Conozco las poesías inspiradas de Serafín desde hace muchos años. Dada nuestra amistad y relación con sus hermanos, me enviaba todas sus poesías que leía, analizaba, meditaba y me inspiraban en mi encuentro con el Señor y también en descubrir la vida como poesía, como intuición poética, que suavizaba lo áspero de la cotidianidad prosaica y rutinaria. La poesía como la belleza, y precisamente por ser belleza, eleva, trasciende, te hace intuir un mundo de justicia y de lucha por la justicia, te transforma en mujer y en hombre nuevo, convertido a la ternura, compasión, que suspira por la fraternidad universal de mujeres y hombres, culturas, razas y pueblos.

Para mí los poemas de Serafín han sido un hontanar de vida, de inspiración, de cercanía, de encuentro humano contigo mismo, con los más vulnerables, con la naturaleza, con el TOTALMENTE OTRO, con la ternura de la mujer, reflejada en María, la de La Vid, el rostro bello y misericordioso del Padre, que se humaniza en Jesús para hacer la parábola de la humanización en este mundo deshumanizado, pero hambriento de belleza, de justicia y de libertad.

Este itinerario es recorrido a través de los versos inspirados de Serafín de la Hoz Veros, agustino, viejo castellano, nacido en Castilla y por ello hombre recio, humano y entrañable. Sus versos ofrecen belleza y riqueza seductora, existencial y ontológica.

Se detiene nuestro poeta Serafín, contempla, muestra su belleza que verifica en sus poemas en torno a siete temas:

- *La belleza de la* creación: "Toda la obra de la creación constituye un poema", decía fray Luis de León.
- *Trascendencia*: La criatura se mueve dentro de "un cierto sentido religioso", según intuición de Séneca.
- *Quietud y silencio*: "Nos hiciste Señor para ti y nuestro corazón está insatisfecho hasta que descansa en ti", al decir de San Agustín.
- *Convivencia*: Los humanos hemos de vivir como seres sociables, advierte Cicerón.
- *Ensoñación*: Necesitamos soñar, ser positivos, ¿ingenuos?, cuidar la utopía, volar y crear otras realidades con el poder de la mente y el corazón, pues la realidad diaria es cruda y, en consecuencia, desabrida; la Navidad con su misterio y sencillez, se presta para ello.
- *El misterio de María*: Cantar su excelsa belleza, sentir su triunfo y cercanía.
- *Advocaciones marianas y los santos* como testigos del Resucitado y del Reino.

Así opina nuestro poeta y lo refleja en el poema MI BENDICIÓN Y PLEGARIA:

Amigo, claro de luna:
¿Qué esperas hoy de mis versos?
Quiero cantar los remansos / con fragancia de silencio
y el emblema de las fuentes / reflejado en el espejo.
El aura de la ternura / en constante asentimiento,
el sentido religioso, / la admiración a despecho
por la belleza en la tierra; / el dolor 'pobre y enfermo',
el afán por la justicia, / la paz en el universo;
el encanto de mi gente / y los niños con sus sueños...
Son algunos de los salmos / que gozan de privilegio,
cuando me pongo a escribir / lo que vivo y lo que pienso.

Amigo, claro de luna:
¿Qué esperas hoy de mis versos?
La amistad en esta vida
se despliega en altos vuelos.
Mi bendición y plegaria
será mi mejor obsequio.

Se inspira en esa experiencia personal, comunitaria, social, entre humana y mística, que brota del fraile agustino y del fraile polifacético. Sus populares rimas dan testimonio de fe y expresan su cultura fina.

El río Duero es fuente permanente de inspiración, así lo atestigua su amigo y poeta Ángel Ferrero, nacido en Sesnández de Tábara (Zamora); realizó los estudios de Magisterio en la Normal de Zamora y ha ejercido como profesor de literatura en varias escuelas e institutos:

Ahí el Duero ha emulado
los murmullos de sus linfas
para escuchar sus romances
con campesinas esquilas
con ansias de mundos nuevos
donde susurro de espigas
y silencios de racimos
nos hablen de Eucaristía.

Su poesía nos introduce y bebe en la Vieja Castilla: Caminos polvorientos, espigas, uvas y racimos, el cristal de los arroyos, el río Duero que la cruza, regando de verdor la vida.

> Romances del Río Duero
> junto al calor de la Madre
> que llamada de La Vid
> apaga sedes y hambres,
> entre espigas y racimos
> y que resultan cabales.

Así lo reconoce Ángel Ferrero en el mismo romance:

> Así Padre Serafín,
> de castellana raigambre,
> porque en su pueblo de Hontangas
> rumores del Duero saben
> y su Virgen de la Cueva
> forman parte de su sangre.

Siempre aparece el romancero mayor:

> Es el Padre Serafín
> que todo el mundo lo sepa,
> el "romancero mayor"
> que en su Castilla ama y sueña.

En la poesía de Serafín de la Hoz se funden y confunden los ríos, el mar, las montañas, los valles, la estepa castellana, bajo el aliento de María, la paz de Dios y la mirada transida de humanidad. Puedes apreciar en este libro, *Tensión del junco*, que Serafín de la Hoz Veros, poeta de raza, versifica según los cánones literarios y en libertad. Seduce y enamora. No lo digo yo, lo dicen los expertos y entendidos, por ejemplo Ángel Merino Linares, nacido en Palencia, donde cursó Magisterio y ha ejercido la docencia en varios municipios. Dice así:

> "Todas las poesías contienen una gran elegancia en el lenguaje, en todas ellas utiliza recursos estilísticos apropiados y elegantes. Las primeras poesías las encuentro en cierta similitud con las de la Escuela Medieval, sobre todo El Romance del Niño Cantor".

Y concluye el poeta Ángel Merino Linares:

> El soneto TENSION DEL JUNCO
> me parece una obra de arte, ya que tiene de todo:
> Una rima perfecta, con los dos cuartetos y los dos tercetos

bien cuidados,
unos recursos estilísticos apropiados
con epítetos y metáforas acordes,
contenido, significación y fondo.

Ciertamente belleza anhelante y seductora:

Lo vi -niño- en la "Presa de las Suertes":
un retoño de junco sin aguante;
tembloroso, inquieto y vacilante,
sacudido por olas no muy fuertes.

Si actúas y resistes con criterio,
'el éxito -no temas, te aseguro-,
descansa en decisión inteligente'.

Nuestro poeta es actual y oportuno, cabalga por el lomo de la verdad, en medio de las aguas revueltas de la modernidad, posmodernidad y poscristianismo.

Puede que el niño pregunte
con sorpresa y embeleso
en días de nieve y frío:
-Tú, papá, que eres sincero
y la verdad no me ocultas,
dime, pues, con sentimiento:
¿Navidad es una feria,
o la fiesta del encuentro?

Y responde el poeta:

Navidad es cercanía
y aroma de flor de almendro;
ternura y mirada limpia,
calor de Virgen y ensueño...
cuando te sientas cansado,
si en tu alma no hay aliento,
mira al Niño que ha nacido...
Navidad es un encuentro.

Nuestro fecundo vate Serafín saca del agua la inspiración del profundo pozo de la sabiduría, de la filosofía, de la mística de Jesús de Nazaret y de su tierna madre María, representada en la talla gótica de *la Virgen de La Vid, la más bella de todas las Españas*. Serafín de la Hoz Veros, sabio, místico, peregrino, caminante, a través de sus versos inspirados, de exquisita cadencia y mensaje seductor, deja paz en el espíritu, alegría y ganas de vivir. Y además te hace sentir la caricia de Dios, la ternura de María, la sonrisa de los niños y el grito de los pobres y excluidos. Poéticamente nos dice que el único camino en la vida es el BIEN en toda su esencia.

Para alcanzar las estrellas
habrás de encontrar en vida
el bien en toda su esencia,
habrás de encontrar el fuego del corazón sin riberas.

Su poesía está marcada por un referente, Jesús, que pasó por el mundo haciendo el bien a todos. Y eso se consigue con aquel verso sonoro:

Respira y alégrate corazón
asentado en la luz de tu barro y de tu cristal
el perfil de la armonía
es la vida en libertad.

A pesar de todas las opacidades, incertidumbres, dudas y pandemias, sin libertad no existe armonía, ni la sonrisa aparece en los niños.

Alégrate y respira
porque se ilumina la conciencia
con las flores del almendro
y el corazón se habilita
con quietud en el silencio.

Bellamente describes la tragedia de los prófugos emigrantes, obligados, en ese poema estremecedor: *Quería cantar a la vida*. Después de recitado te quedas sin palabras. Me encanta tu poesía *Coronavirus*

*14320.* Poesía inspirada, levanta el ánimo y dices poéticamente, con asonancias logradas, dónde hay que poner la mira:

> Amo al Señor porque escucha plegarias de gente buena.
> En medio de la desgracia, calma y confianza,
> No estamos solos ni abandonados.
> Así respiran tus versos,
> Que beben en "las fuentes de agua vida".

Y concluyes certeramente,

> sin rebeldía en el alma, espanta dudas... y reza.

Y seguro que descubres la necesidad de SER – JUNTOS CAMINAR – JUNTOS, RESISTIR – JUNTOS. Para vivir la vida en solidaridad y fraternidad después del coronavirus. Se recupera enseguida:

> Poetas de nuestra vida...
> Siempre cantando y mirando,
> siempre soñando y riendo;
> no cabe mejor tarea
> en la tierra y en el cielo
> que recrear primaveras,
> humanizar la tristeza,
> facilitando el encuentro,
> enternecer a los hombres
> en soledad y silencio.

Ahí queda resumida la vida, la vida con sentido, abierta a la trascendencia. Y si quieres intuir el perfil y los contornos del alma del poeta Serafín de la Hoz Veros, contempla, analiza, interioriza esta estrofa de Mercedes de los Ángeles Pérez Martín, de Madrid, con estudios universitarios de Magisterio y Derecho.

> Sonríe con los niños
> y comparte su inocencia,
> los ancianos le enternecen,
> les escuchan y los alientan.

Y con el pueblo disfruta
de su hacer y de sus fiestas,
gusta y aprende su historia,
se recrea en sus leyendas.
Su sentidos tan abiertos
a madre naturaleza,
se impregna de todo aquello
que esté lleno de belleza.
Sensibilidad que sufre con el pobre y desvalido,
consagrado a la mujer y venerando al amigo.
Tan lleno de vida está,
que expandirla necesita
y en sus noches solitarias,
la derrama en poesía.

Todo esto y más me sugieren, seducen y enamoran tus versos inspirados, colmados de esplendores y sembrados de intuiciones de vida, de utopía, de presente y de futuro.
Y concluyo mi prólogo con estos versos de Ángel Ferrero:

Es mi Padre Serafín
hombre sencillo, y se expresa
con palabras temblorosas
como la llama en la hoguera
y nieve en alta montaña
que tiembla de frío y sueña.

**Nicolás Castellanos Franco, osa**
Obispo emérito de Palencia

## Saludo. Duerme el alma

Venid.
Llegad sin hacer ruido,
Peregrinos,
en mi casa no hay cancelas.

Venid, entrad.
Tengo mi cuerpo extendido en alas,
llamaradas...,
servido el zumo de uva
y el pan -segado y molido-,
pan blanco y candeal,
abierto sobre la mesa.

Llegad, venid, entrad...
Tomad asiento,
profetas de la vida,
sin porfía,
que duerme el alma,
transfigurada,
florida,
mirando al mar...
Mi alma enamorada.
Venid, llegad, entrad...
Ocupad sin miedo mis estancias,
mensajeros.
Ceñido está el amor con candorosa alambrada.
Reposad, amigos.
Sin protocolo, en silencio...
hasta descansar fatigas.
Es vuestra el alma.

# Temario. Mi bendición y plegaria

Amigo, claro de luna:
¿Qué esperas hoy de mis versos?
Si vienes siguiendo estelas,
notarás que el pensamiento
deriva en 'asuntos varios'
y postulados diversos.
Al calor de las estrellas
-confidentes de mi credo-
trato de centrar la mente
en temas que -en mi criterio-,
alientan y reconfortan
en esta tierra de riesgo
para elevarse a las nubes
-a la altura del misterio-,
donde se crecen las almas
con tensión y sentimiento.

Quiero cantar los remansos / con fragancia de silencio
y el emblema de las fuentes / reflejado en el espejo.
El aura de la ternura / en constante asentimiento,
el sentido religioso, / la admiración a despecho
por la belleza en la tierra; / el dolor 'pobre y enfermo',
el afán por la justicia, / la paz en el universo;
el encanto de mi gente / y los niños con sus sueños...
Son algunos de los salmos / que gozan de privilegio,
cuando me pongo a escribir / lo que vivo y lo que pienso.

Amigo, claro de luna:
¿Qué esperas hoy de mis versos?
La amistad en esta vida
se despliega en altos vuelos.
Mi bendición y plegaria
será mi mejor obsequio.

## Justificación. Terapia del alma

***No faltará quien me diga*** / que los versos que yo escribo
son hojarasca mojada, / sin valor, sin atractivo,
con un ropaje *'caduco',...* / carentes de contenido.
No es voluntad de defensa / lo que en romance le digo;
es simplemente explicar / cuáles son mis objetivos
cuando en la noche callada / me recojo yo en mí mismo
en selección de intenciones / *(como gavillas de trigo)*
y explayo mi sentimiento / por los afanes cautivo.

Intento sin presunción / exponer con cierto ritmo,
como ***terapia del alma***, / lo que siempre yo he previsto:
intuición y querencia, / voluntad y buen sentido,
admiración por la vida, / estima de compromisos;
aliviarme de mis penas, / descansar de afanes tibios
y elevar mis impresiones / hasta el hogar de los vivos.

Ejercitar el cerebro / no es de seres altivos;
es dimensionar el arpa / con acordes presentidos
y explayarse en libertad / como el pájaro en su nido,
para contar violetas / en el alfar de un amigo
e invocar a las estrellas / en silencio recogido;
esta es la razón primera / de los poemas y escritos.
A mí me sirven mis versos / por su carácter de alivio;
es mi fórmula secreta, / pues me siento sumergido
en veredas agridulces, / cual forzado peregrino
que no encuentra fácilmente / el descanso en el camino,
por más que tenga muy claro / las señales y el destino.

## Motivación. Leva el ancla, marinero

Leva el ancla, marinero
y entremos en alta mar;
el ansia de navegar
postula ser muy sincero
y aspirar a ser primero.
Si la meta en la partida
te resulta comprimida,
la recompensa final
al cumplirse el ideal
será tu gloria cumplida.

Con decisión transparente
y conciencia bien formada
busca la forma adecuada
de sentir 'la zarza ardiente',
que en actitud elocuente
siembra en el alma semillas
aparentes y sencillas,
para eliminar tensiones
y alentar las decisiones
al toque de campanillas.

En el comienzo gozoso
de un AÑO NUEVO en la vida
quiero ver fortalecida
la esperanza, que en reposo
y el corazón animoso
me invitan a comprender
el misterio de crecer
en gracia, virtud y ciencia
y actuar con diligencia
según nuestro menester.

# 1

## Creación

*Toda la obra de la creación constituye un poema*

(Fray Luis de León)

## Abro el balcón

He abierto el balcón y miro
en horas de sol naciente:
paz en el campo, silencio...
y una brisa que me envuelve.

Color de amapolas rojas,
aroma de olivos verdes,
almendros, lilas, higueras
y todo cuanto concierne
a una visión expansiva
ante una vida doliente.

Entre hierbas y otras plantas / que nunca jamás florecen,
vibra la estampa brillante / de abedules y cipreses.
Sauces, nogales gigantes / entre azaleas en ciernes;
lirios y flores de pascua / y otras bellezas silvestres.

En el Parque de las Flores / resalta el 'cedro vitense'
por su formato de flecha / y su mensaje ascendente;
tensión de estrella entre nubes, / vida en su flora perenne
y un burbujeo de formas / que jamás se desvanecen.

Noble sentido de altura
con regocijo creciente
y un ansia de claridades
donde no alcanza la muerte.

He abierto el balcón y miro
cómo la vida se acrece
y leo en un libro -inquieto-,
mensajes que van y vienen:
colores de luz intensa,
señales de "zarza ardiente".

# Aliento de aurora

¡Salve, gloria de la aurora!,
que en eminentes deslumbres
coronas con luz las cumbres
en actitud protectora
y embeleso sin demora.
Tus anhelos de fervor
y admirable resplandor
en horas de madrugada
son un timbre, una llamada,
al alcance del Señor.

¡Salve, alondra mensajera!,
en la estepa solitaria,
animosa en la plegaria
de radiante primavera;
en nuestra sala de espera
con tu aliento y armonía,
nos enseñas cada día
a sentir la gracia inmensa
y vivir en forma intensa
con transparente alegría.

¡Salve, águilas reales!,
que surcáis el cielo abierto
y en elevado concierto
dais lección a los mortales
-antepasados y actuales-
del ambicioso destino
y preferente camino
para colmar inquietudes
y alcanzar excelsitudes
como ya Dios nos previno.

## Canción de aurora

Si me pides la razón / de por qué canto a la vida
con la guitarra en las manos, / en los labios la sonrisa
y en mi corazón inquieto / una lámpara encendida...
habré de aclararte pronto: / prefiero ser optimista
y apoyarme en los encantos / que me ofrece día a día.

Al despertarme la aurora / y llenarme de energía,
percibo aroma de campo, / flores en su lozanía;
y si me fijo en detalles / veo personas sencillas
que mantienen la esperanza / y el buen punto de partida.
Cada uno en sus matices... / me confortan los artistas,
y los niños cuando juegan / en despliegue de alegría,
el perfil de los mayores / al regalar sus caricias
y el tono del hombre joven / por su cordial simpatía.

Que reciten los ascetas / la salmodia al mediodía,
sueñe el hombre de taller / con nubes de artesanía,
reporteros de esperanza, / mensajeros, pacifistas,
cantautores y profetas / toquen el arpa y la lira...

Acudan pronto a la fiesta / con su verso y poesía
la gente mansa y honrada / en resonancia expansiva
y los dolientes, serenos, / por esperanza cautiva...
para humanizar el mundo / según voluntad divina.

## Canto universal

Si se considera
la tierra y se admira
la inmensa belleza
que al alma fascina,
podrás convenir:
tanta maravilla...
no es obra casual / sino muy querida.

Tierra, mar y fuego, / aura de la brisa,
árboles y flores, / hierba que se pisa,
lindos animales / recreando vistas...
no es obra casual / sino muy cumplida.

El roble del ángel, / palmeras altivas,
pinos, abedules, / nogales y encinas,
almendros, cipreses, / abetos, sabinas;
chopos, eucaliptos, / fuente de alegría...
no es obra casual / sino muy precisa.

Bellas azucenas / en el libro inscritas;
lirios y claveles, / simples margaritas,
amapolas rojas; / geranios, celindas...
no es obra casual / sino preferida.

Tonos y colores
-paleta de artista-
que lleva a los hombres
con su melodía,
a cantar al alba
-con arpas y cítaras-
acordes de gloria
en forma sentida...
a Dios Creador / por su acción divina.
Canto de alabanza... / ¡Gente agradecida!

# Con una mirada clara

En el Páramo de Corcos
liban flores las abejas,
con retamas encendidas
por el sol de primavera.

Un pastor de noble estampa,
que a su rebaño gobierna
con el zagal que le ayuda
y el perro fiel que le observa...
deja que corra la brisa
por su corazón y piensa.

Nunca en ciudades han visto / la fuente de la belleza;
tengo la suerte a diario / de verla yo muy de cerca,
'escondida' en cada una / de tantas y tantas muestras:
el sol naciente es un lujo / para una mente despierta;
y ¡qué decir de las plantas / con la impronta más modesta!

El espliego y el tomillo, / el concierto de las piedras,
el sol que deslumbra el día / a la hora de la siesta;
los cereales en ciernes, / la esperanza de las cepas,
el canto de las alondras / y el zumbido de colmenas...

Todas estas vibraciones / -aunque sencillas- intensas,
que ofrece gratis al hombre / la hermana naturaleza,
llenan el alma de amores / y, como flor de candelas,
iluminan el trabajo / y avalan su recompensa.

En el Páramo de Corcos,
en tiempo de primavera,
con una mirada clara
se oye sentido de estrellas
y se apodera del alma
la fuente de la belleza.

## Cosas sencillas, oh Dios

¡Tengo al alcance del alma
tantas cosas en la tierra!...
Cosas simples y sencillas,
pequeñas en apariencia...
Puntos de luz y armonía,
que son pura transparencia
de un Creador amoroso
con sublime providencia.

El cariño del hogar, / por gracia de luz sincera;
la sonrisa de los niños / en juego con sus cometas,
el encuentro de amistad / con la gente noble y buena.
La luz del sol que me alumbra, / reconforta y alimenta;
el canto del ruiseñor / que, al alba, fiel me despierta;
la fragancia de los lirios, / el fulgor de las estrellas,
el silencio de los valles / y el verso de los poetas...

¡Cosas sencillas, oh Dios!,
en disposición y oferta;
si no acierto a deleitarme
por confusión de sistemas,
que al menos mi gratitud
llegue clara a tu presencia.

## Crecer con gratitud

He visto la arboleda junto al río
y el agua desplazarse rumorosa;
aspiro la fragancia de una rosa
y me invade un sereno escalofrío.

¡Belleza universal!, en poderío
de formas y colores, asombrosa
para el alma tranquila y codiciosa
de más felicidad y señorío.

Es el mundo una fuente de energía
en múltiples encantos al alcance
de todo aquel que se abre a la alegría.

De más a más se crece en hermosura
quien sabe aprovechar y hacer balance,
y eleva el corazón a la Ternura.

# Cuando me hablen del mar

Cuando me hablen del mar...
como soy de tierra adentro
y me es difícil soñar,
no esperéis que yo haga versos.
Me enamora el arco iris, / los lirios y crisantemos,
el agua de fuente limpia / y la flor de los almendros.
¿Y qué decir si me ofrecen / un saludo y un requiebro,
un ramo de violetas / que ocupan mi pensamiento?
El afán en mis tareas / cuando trabajo en silencio
y el ritmo de mis tensiones / me arrullan con dulce acento.
No es posible contemplar / las estrellas en el cielo
sin que el sentido de cuna / avive mi sentimiento.
Así mismo me fascina
el sol en puro contento,
la noche clara de luna
y la aurora del misterio.
Cuando escucho en soledad
los acordes de un jilguero
estimulan sensaciones
de plenitud y embeleso.
Por fin... cautiva mi mente
y el corazón -lo confieso-,
la sonrisa de una joven
que vive un amor intenso.

# Cumbres de alabanza

Si la imagen de los montes
canta primaveras altas...
se diferencia en el canto,
en la luz y en la alabanza
al Dios de la creación
el salmo de las montañas.

Inmensas e inexplorables, / tocadas de sol y gracia,
con el rumor del silencio / y partituras sagradas;
en las cumbres más solemnes / un recital de plegarias.
¡Oh montaña silenciosa, / cumbre de neblinas altas,
que surtida de quietud / derivas en cataratas.
Tu salmodia universal, / en anhelos no se acaba,
surtidora de inquietudes / que el alma a la paz levantan.
¡Oh montaña omnipotente / de firme y dulce garganta!,
si tu aroma variopinto / emerge como una llama,
tu cantar y tu frescura / alimenta la esperanza.

¡Montañas de firme abrazo,
limpias, incontaminadas!
Con las estrellas del cielo
-inefables cumbres albas-,
elevad a Dios mi canto
unido a vuestra plegaria.

# El árbol que yo he plantado

El árbol que yo he plantado
en los márgenes del trigo
frondoso y esbelto crece
con vigor de buen racimo.

Misión de gracia a porfía,
tensión de cielo florido,
confianza en las raíces,
árbol verde, verde olivo.
El árbol que yo he plantado
por cumplir con lo debido
crece con aura de llama
y estambres de peregrino.

Su perfil de privilegio,
como el color de los lirios,
se prodiga en savia nueva
y deslumbre en el destino.

El árbol que yo he plantado,
con lustre de amor ungido,
sirve de sombra a los hombres
y a las aves de cobijo.

Las ramas del árbol grande
son brazos de sol invicto;
la esperanza crece en flores,
gesto a gesto, signo a signo.

# El arte de Dios

*La naturaleza es el arte de Dios.*
(Dante Alighieri)

El arte de Dios, en páginas sublimes,
como un libro abierto de mapas y riberas
exhibe al lector un ámbito fecundo
de vida y deleite en todas sus parcelas.

En mi tierra parda y noble de Castilla
he descubierto el perfil de las estrellas;
percibí en el silencio la brisa del agua
y escuché a plena luz rumor de colmena.

Mi campo es variado, sensible a los vientos;
con viejos caminos y fuentes serenas,
lugares con luces y zonas sombrías,
como un paraíso de ilusiones nuevas.

Aprendí el secreto de olmos altivos
y la calma firme de encinas inmensas;
la nostalgia de las aves enjauladas
y canciones bullidoras de las cepas.

El mensaje de esperanza en los cipreses
también prendió en mi alma con sus penas;
la flor del tomillo, el aroma del espliego,
al mismo nivel que las flores más bellas.

Leves inquietudes, ansias y congojas
que el alma sensible cultiva en su huerta,
quedan controladas a golpe de gracia
con suaves fragancias y flor de canela.

El ritmo y despliegue en plazas y calles,
con la iglesia antigua y nido de cigüeña
sugieren de continuo tensión de altura,
nutriente de luces de ilusión y fiesta.

En fechas 'pascuales' de honor a la Virgen
todas las miradas confluyen en ella.
Recinto sereno, raudales de gracia:
Madre soberana, Virgen de la Cueva.

## El eco providente

Si escucho en grave silencio
el despertar de la aurora,
los latidos más profundos
y sensaciones gloriosas
que la creación entera
susurra en forma remota...
percibiré una presencia
esplendente y misteriosa.

El encanto de un jilguero / en la enramada frondosa,
la fragancia de las flores / con el candor de una rosa;
hasta el rocío del alba / sumergido en forma hermosa,
el suave runrún de abejas, / latidos de mariposa...

El colorido exponente / de ribazos y amapolas,
el zureo inconfundible / de torcaces y palomas;
el agua de fuente limpia, / nacida bajo la roca;
la frescura de la brisa, / elocuente y cariñosa
y las "aguas formidables" / en su carrera ambiciosa...
se percibe en voz profunda / el tumulto de las olas,
en el fondo de los mares, / acantilados y costas.

Es el regalo sincero
que ofrecen todas las cosas
con el eco providente
que en el Creador desborda.

# El Juego de las Palmeras

¿Conoces, mi buen amigo,
el Juego de las Palmeras?

Dicen los sabios de Egipto / que en tiempo de primavera
dos arbolillos preciosos / -al cuidado de una ciega-
compitieron junto al Nilo / en encanto y sutileza.
Ambos juraron ventaja / a merced de su presencia
durante el mes de las flores, / sin caer bien en la cuenta
que la niña no veía, / pero tenía conciencia
clara, limpia y muy precisa / -por sentirse jardinera-
de los efluvios y aromas / que ambas plantas -dos palmeras-,
exhibían a porfía, / en favor de su belleza.

Pidió la ciega un puñado
de tierra fértil y arena
de los pies de cada una
para aclarar la contienda.
La cieguecita del campo,
sin dudarlo y con nobleza
expuso su sentimiento
con ingenua transparencia:

De las dos plantas que cuido / con esmero y diligencia...
la tierra que yo mantengo / y elevo en mi mano diestra
es sin duda a todas luces / la más airosa y más bella:
fragancia y aroma denso, / mejor imagen, esbelta,
elegante en su figura / y el corazón -en esencia-
más abierto en cualidades / de resonancia perfecta.

El asombro en las miradas
de quienes vieron la escena,
se tradujo en alabanzas
a la joven jardinera.

# El que no trabaja ...

El que no trabaja, que no coma
(San Pablo, 2 Ts 10).

Voy caminando los campos
de trigales y viñedos,
observando a las hormigas
que trajinan sin sosiego
por un 'seguro de vida'
que garantice el invierno.

Surcan los cielos las aves / y un labrador -con esmero-
deposita en tierra fértil / las semillas a voleo.
Salta un lebrel a mi paso / y en curioso advenimiento
se apoderan de mi mente / mensajes de mis maestros:
Lo inteligente es vivir / por caminos verdaderos
y compartir la experiencia / con quien nos salga al encuentro.

El sol se cierne en poniente.
Miro su luz en silencio
y en matices de colores
-como si fuera un espejo-
se refleja y compromete
el riguroso precepto:
aquel que no se preocupa
de los afanes diversos
que la vida nos requiere,
ni desarrolla proyectos
de justicia y buen sentido
con esquemas de progreso...
no justifica en la tierra
corazón noble y abierto.

# El vuelo de la cigüeña

- ¿Que quieres ver la cigüeña?
- Mírala en la torre alta.
- Quiero más, quiero cogerla
con mis manos y abrazarla.
Y decirla con asombro,
mientras el vuelo remansa,
que me gustan sus colores,
su perfil de bella dama;
su lenguaje en las alturas,
los quiebros con sus dos alas,
cuando se posa en el nido
y canta cual si rezara.
A veces vuela entre nubes
en indecible bonanza
alentando a sus polluelos,
perfilando su enseñanza.

Así se expresó el poeta
con su gesto y su palabra:
- Quiero ver a la cigüeña
como estímulo del alma.
Yo también quiero volar
en días sin esperanza,
resistir el viento altivo
como si nada pasara
y jugar entre las nubes
con las estrellas más bajas;
ejercitar los sentidos,
reproducir esa estampa,
apaciguar inquietudes
de mi corazón al alba
con los paisajes profundos / y el deleite que se alcanza
al superar este suelo / y cantar y soñar... en calma.

# Explosión de vida

¿Por qué no decirlo?
Con el vuelo vibrante de las golondrinas,
anuncio y preludio -pasión de vida-,
llegaron las nubes en consorcio con el viento.
La nieve mansa y el agua en su alegría,
hermanadas y mimosas
con la fertilidad del campo,
esponjan la tierra... animada por el sol
y estremecida.
Y de pronto crecen los lirios absortos de luz,
el trigal y las cepas en ciernes renuevan sus formas,
los almendros se engalanan con nuevas variaciones
y seducen las flores con su aroma.
En esta hermosa explosión de vida...
el hombre se cita en la solana
y descansa en el verso voluble de la brisa.
Con el nuevo perfume de la aldea
en imagen de ensueño inefable,
se anima la fiesta;
como el niño palpita en la cuna,
con el aura de la madre tierna
que sonríe, mientras modula una nana:
Ha llovido, mi niño, fragancia de flores;
vino y pan blanco de lirio, canción de amores...

Si lo he visto...
¿por qué no cantar ensayando una rima?
Y pensé, con el alma en puro temblor y anhelo:
¿qué querrá decirme Dios
con tanta sonrisa creada en el sueño?...
La madre sigue hilvanando una nana a su amor.
Gravita el silencio.

# Hermano sol

**Hermano sol** que alimentas
con tu savia nuestros campos,
donde florecen los trigos,
el sarmiento venerado,
las hierbas con sus aromas
y los lirios rociados.

Fiesta de luz y color,
de señorío y amparo
para que la tierra crezca
-bendecida en tu regazo-
y el hombre eleve alabanzas
con la plegaria y el canto.

**Hermano sol**, tu presencia / espanta sombras y llanto
de quienes en noche oscura / sueñan -en su quebranto-
con espíritus malignos / que visten de *'viernes santo'*.

Fiesta de flores silvestres,
rojas, lilas y amaranto,
con desbordante energía
para cubrir el espacio
de belleza y colorido
sin que advierta desencanto.

**Hermano sol** que entereces / la mirada de un anciano
mientras descansa en la plaza / en las tardes de verano
y ve que mueren sus sueños / sin los fulgores de antaño.

**Hermano sol** que iluminas
la vida del ser humano:
como la alondra te canta
con trinos enamorados,
así respira mi alma
al sentirte tan cercano.

## La tierra es nuestra vida

A Mons. José Demetrio Jiménez Sánchez-Mariscal

Se ha escuchado un grito inmenso
-presentado con sordina-
en las calles y las plazas:
"Esta tierra es nuestra vida".

No se han 'levantado en armas',
sino en formas pacifistas,
en reclamo de parcelas
donde elevar su casita
y con el agua y la tierra,
con sus brazos protegida,
convertirla en un vergel
aunque requiera fatigas.

Para 'ajardinar la tierra', / donde cultivar semillas,
el pobre que el cielo ampara / con gracias que dignifican
pide en momentos de crisis / -a los poderes de arriba-
sentimientos de alma grande / en niveles de justicia;
y a los agentes sociales / que a los pobres patrocinan
un esfuerzo 'a gran escala' / en las zonas oprimidas.
"Puede el pobre prescindir / de oro y plata de sus minas,
pero sin sol, agua y tierra / no se mantiene la vida".
¡Luz y calor en los cerros, / agua que corra festiva
y una parcela de tierra / donde ocupar su energía...
son el reclamo del pobre / en las zonas oprimidas!

Las estructuras salvajes / con crueldad mantenidas
en nuestra "casa común", / por quienes nunca acreditan
sentimientos de piedad / cuando más se necesitan...
no podrán nunca esgrimir / razones de honrosa estima,
en proyectos de justicia / en las zonas oprimidas.

## La voz de la tierra

Salgo al campo de mañana
cuando el sol se desmelena
y al alba -en tonos rojizos-,
veo en concierto a la tierra.

Recogido en la vaguada / se anuncia un grupo de abejas
libando el romero joven / y soñando en blanca cera.
Cantan insectos comunes / alternando con presteza
su algarabía ruidosa / con el runrún de colmena.
Dirige el canto la alondra / escondida entre las cepas
y las voces se agigantan / cuando la luna repliega.

Canta el agua de la fuente / en serenata y nobleza
al acercarse pastores / con los rebaños de ovejas;
y toca el pastor la flauta / a la vez que las abreva,
conformando al aire libre / una original orquesta
para iluminar la vida / con inquietud recoleta.

Danza y canta el buen labriego
en tiempo de sementera
con la semilla en el surco
-haciendo gala de ofrenda-
y entona el monje en el coro
salmos de gloria y clemencia.

Canta la tierra fecunda,
canta el cielo y las estrellas,
canta el hombre que trabaja
con voluntad siempre nueva...
canta el sol cuando amanece
y el arcángel cuando reza.

## Los colores de la paz

La paz del arco iris

Brilla la luz enhebrando
siete tonos en la tierra;
es la paz del arco iris
al final de la tormenta.

Campo de lujo en aromas / en el páramo y la vega;
las aves se han concentrado / trinando en las arboledas:
aurora de nuevos tiempos / como preludio de fiesta.

Junto a los más animosos
los chiquillos de la escuela
retozan como jilgueros
en las fuentes de la sierra.

Queriendo abarcar el arco / un niño 'apunta maneras'
de ensoñación y ternura / triscando por la pradera
y ante el asombro de todos, / con clara voz manifiesta:

'Quiero jugar a la comba
con el arco como cuerda;
invito a cantar el salmo
de la Paz y la Belleza
con los brazos extendidos.
¡Soñemos, mi gente buena!

Elevemos nuestras mentes
como un rumor de colmena,
unidos en la plegaria
de gratitud verdadera
por la paz del arco iris
-sin contar mejor oferta-,
hasta sosegar el alma
al calor de las estrellas'.

# ¡Luz!

¡Luz, luz, luz!
La necesito; te la regalo.

Entre tanto bullicio, agitación,
prisas, horarios cerrados,
atascos y retenciones...
¡Luz!
Entre tanto agobio y fracaso,
falta de horizonte y sentido,
aburrimiento, accidentes, afán de evasión
y olvido de Dios...
¡Luz!
Entre tanto sufrimiento y abandono,
disparate y desenfreno,
corrupción expansiva,
soledad en el vacío y violencia salvaje...
¡Luz!

Es mi legado y aporte en este tiempo nuevo:
¡una chispa de luz!
Luz en tus manos, para alumbrar tu trabajo y proyectos.
Luz en tus ojos, para presentir y valorar la belleza.
Luz en el alma, para iluminar la vida en el hogar.
Luz en el corazón, para compartir el pan
con los más débiles y dolientes.
Luz en la noche alta, para contemplar las estrellas.

Luz en el rostro -¡briznas de luz!-, para caldear el aire
con sonrisas de nueva fragancia.
¡Luz! Dame tu luz y acepta la mía.
Y acudamos juntos...
al festival abierto de la vida.

## Luz del sentimiento

Muchas veces he pensado
en la pobreza de aquellos
que, aun siendo inteligentes
y de cultura no exentos,
no alcanzan a descubrir
con agudo regodeo
el deslumbre natural
de tantos primores bellos
que complacen y animan
los sentidos, por ejemplo:

La lectura de un buen libro, / el embrujo de un concierto,
el vibrante violín / en las manos de un experto,
la fluidez de un poema / con la rima de los versos;
una escultura barroca / por sus perfiles de fuego,
la pasión de los conventos / y la fuerza del silencio.

En otro orden de luces, / para mirar con sosiego...
el frescor de los sembrados, / las flores en campo abierto,
la belleza del paisaje / ondulado por el viento;
clavellinas azuladas / y las fuentes de misterio,
los lirios con el rocío / y los trinos de un jilguero;
el ocaso de las tardes / con su colorido intenso,
la visión de las estrellas / en el máximo apogeo...
Nunca he llegado a entender / en mi frágil pensamiento,
que las buenas vibraciones / no admiren con sus destellos,
ni tengan más acogida / los mejores sentimientos:
La mirada de los niños / apasionante y de ensueño;
el baile de las muchachas / con sus vestidos al vuelo,
en su rostro, la alegría, / como regalo sincero
y en sus manos, castañuelas, / como expresión de festejo;
la ternura de una madre / con su gloria y su consuelo,
la sonrisa de un anciano / en ambiente recoleto,
la monja contemplativa / y el vigor del misionero.
¡Qué pena el haber nacido / y vivir sin sentimiento!

# Música en la flor

Simbolismo del almendro

El almendro está de fiesta,
transfigurado de flores;
el almendro vive en ascuas,
estremecido en amores.
El sol perfila su alma
con evidentes razones
y la brisa vespertina
le recrea en los alcores.

Anuncio de primavera
revestido de colores,
con simbolismo profundo
de amistad en los albores.
Trasunto de fruto y vida
en despliegue de tensiones
de regocijo emergente;
sueño de amor en los jóvenes.

En el valle recogido,
se decanta en los acordes
con sinfonía de luces
y balanceo sin nombre;
al mirar con ojos claros
para aliviar sensaciones,
se remueven en el aire
con tenues exploraciones
las nubes cantando a gloria
al socaire de sus brotes
y la sonrisa rotunda
explayando corazones.

Emblema de enamorados
por voluntad de los hombres,
el almendro está de fiesta.
¡Hermoso yunque de amores!

# Nana de la rosa

Rosa preferida
en jardín de invierno,
si quieres lisonjas,
escucha un "te quiero".
Rosa zalamera
que buscas un beso,
¿no basta que libe .
la abeja tu verso?

Enciende primores / y anuncia luceros;
verás que muy pronto / se paran, primero
(a ver en tus pliegues / tus galas sin velos)
ancianos y niños, / poetas,... y luego,
curiosos, turistas, / amantes del juego
y entre expresiones / de luces con fuego
extraen del alma / los buenos acentos,
lo mejor que tienen / para ofrecértelo:
afán de belleza, / como manifiesto
de gloria futura / y justo deseo
de que tus encantos / penetren muy presto
a su corazón, / corazón inquieto.

Rosa iluminada, / de colores tiernos,
apaga inquietudes, / alienta recuerdos.
Rosa agradecida, / flor del universo:
si quieres amores... / yo te los ofrezco.

# Necesidad imperiosa

A cuenta de la encerrona

Me voy al campo de flores
en busca de margaritas,
amapolas, violetas,
claveles rojos y lilas...
Quiero ver lirios del campo
y otras flores amarillas,
porque encerrado en el piso
el corazón se marchita.

Yo necesito remedios / como defensa y salida,
pues la cuarentena impuesta / de la libertad me priva.
Quiero ver al sol radiante / a la sombra de una encina
y sentir que en la enramada, / junto al río de agua viva,
grita fuerte el corazón / en serena algarabía
al ver que los ruiseñores / regalan sus melodías.

Rechazo las encerronas
poco claras de estos días.
¿Por qué privarme del aire
de la mañana y su brisa
y renunciar a la fuerza
de lo que más me ilumina;
que es ver al sol elevarse
de la tierra, por encima
de los árboles gigantes
y enardecer a la espiga
de mi tierra castellana
en belleza nunca vista?

# No exijas peras al olmo

"No exijas peras al olmo",
ni a las palmeras altivas
que en su verdor y formato
te traigan sin más fatigas
claveles rojos y blancos,
o ramos de margaritas
de los páramos resecos,
con campanas amarillas.

No exijas cadencia al grajo,
ni a la negra golondrina
que exprese bellos susurros,
como la alondra escondida
cuando se encela en el campo
junto a la fuente de arcilla,
donde se baña el jilguero
con agua clara y fresquita.

No exijas al hombre libre / sometimiento a porfía,
silencio en sus reuniones / y una dura disciplina...
El hombre anuncia riberas, / canto de luz presentida
y el lenguaje de la gracia / en formulación precisa.

"No exijas peras al olmo",
ni al ruiseñor lo prohíbas
que luzca su canto libre
en plazas sin bambalinas.

Habla a los hombres de amores,
de sueños y de utopías,
de musicales y fiestas...
con palabras bendecidas.

# Perfil de peregrino

Escucho por un momento
el blanco y tenue latido
de la arboleda en remanso
junto a un almendro florido
y dejo que el pensamiento
se deslice complacido
por los linderos del agua
que lleva a la mar el río.

Busca el poeta descanso / y expresar en verso altivo
el candor de ideas nobles, / entre la aurora escondido
y el deleite de inquietudes / en misterio esclarecido
que al ser humano mantienen / con esperanza de olivo.

Cuestión de brisa en despliegue / y apertura del sentido
sin escatimar silencios / ni romper el equilibrio
al ocio santo que infunde / calor de fuego encendido.

En la natura se esconde / tensión de Dios por su brillo
para todo aquel que piense / con perfil de peregrino
y extienda sus alas grandes / a lo inefable y previsto.

Y una sensación sublime
de indecible contenido
emerge, inunda y cautiva
al hombre -fiel a sí mismo-,
que a Dios descubre en su campo
con sus huellas y otros signos
-evidentes, manifiestos,
como el pan tierno de trigo-,
para todo aquel que piense
con perfil de peregrino.

# Perlas de vida y cristal

Besar quisiera esas gotas
de rocío en la besana,
caídas sobre los lirios
al albor de la mañana.

Lágrimas son de los dioses,
del sol, la luna y estrellas,
efluvios con resonancia
sobre la faz de la tierra.

Traen silencio escondido
para que el hombre repare
y advierta el valor del alma
que a la luz de oriente se abre.

Brillo de sol en penumbra,
gotas de agua encendida,
acuñada entre las nubes
a fuego lento y sonrisa.

Agua clara de ilusiones / que al ser humano fecunda
en plenitud de inquietudes / como una antorcha de luna.
Perlas de lluvia y rocío / sin valor en el mercado,
son nutriente de las venas / según el verso de amparo.

Perlas de vida y cristal
sobre unos lirios brillantes
para quien sabe de amor
como dos buenos amantes.
Canto a la fuente de campo
y a las gotas de agua viva;
grito fuerte y canto al mundo
por estas perlas de vida.

## Ser feliz...

Afecta en todo tiempo al ser humano
orientar el proyecto de su vida;
esquivar la tribuna enloquecida
y poner en activo el primer plano.

No le es posible al hombre soberano
explayar la hermosura requerida
si no limpia con fe su alma herida
y restaura fervor hacia el hermano.

El mensaje de sabios y poetas
sugiere dibujar en la espesura
fragancia y el impacto del Profeta.

Nunca nadie ha sembrado margaritas
en campo de funesta singladura.
¡Ser feliz!... el destino que habilitas.

# Si el grano de trigo...

En manos de un hombre bueno
-un labrador que se precia-,
los granos de trigo limpio
pasan, mediante la siembra
con esmero y privilegio,
a ser semilla en la tierra.

Entre tantas atenciones / y cuidados de limpieza,
no podemos olvidar / el riego y las malas hierbas,
para que el trigo se esponje / y madure la cosecha.
"La mano del que agavilla", / mece espigas cuando siega;
el labrador se solaza / con el fruto ya en la era;
afronta la nueva etapa, / en la trilla, y lo celebra.

Un nuevo paso del trigo
es su suerte en la molienda:
trigo limpio candeal
equivale a harina fresca;
en brazos del molinero
alcanza su recompensa.

Tratada la harina blanca
con levadura en la artesa,
en el hogar encendido
culmina su larga estela.
Y en encuentro de familia
preside gentil la mesa.

Pan sabroso y bendecido, / fermento de convivencia;
pan cocido en la tahona / y un buen vino de cosecha
sazonan la vida al hombre / como preludio de fiesta.

## Sueño a sueño

Si vives en calma
y miras la tierra,
disfruta la vida
todo cuanto puedas.
Sorbo a sorbo.
Luna llena.

Verás que en el campo / emerge en belleza
la gloria y el aura / de la primavera.
Salmo a salmo,
con firmeza.
Y en calles y plazas, / sin compás de espera,
mayores y niños / siembran azucenas.
Mano a mano,
con destreza.

Cuida la tertulia / en forma sincera;
comparte ilusiones, / semillas de siembra.
Beso a beso,
luz intensa.

Ha nacido un Niño,
esperanza nuestra;
en cuna de pajas
se nos manifiesta.
Sueño a sueño,
paz y fiesta.

## Todo ser que alienta ...

Los lirios del campo
los peces del mar,
las aves que vuelan
en la inmensidad,
el agua de lluvia
o de manantial...
son signos visibles
de gracia y verdad.

Belleza inefable / de luz natural
para quien desee / ver la realidad...
El hombre sensible / que quiera alcanzar
un grado infinito / en busca de paz,
tiene a su cuidado / gracia sin igual
para que en su vida / pueda desplegar
ansias de belleza / en forma eficaz.

"Todo ser que alienta"...
con gran libertad
-sol, luna y estrellas,
ángeles de paz-
pregonan sin pausa
gloria celestial.

Tras las cosas bellas / que al alcance están
late un Creador / -¡Santa Trinidad!-.
El hombre consciente / crea en su heredad
nobles sentimientos / -flor de eternidad-
si al ver una rosa, / fruto del rosal,
eleva su mente / y su dignidad
y canta plegarias / a Dios en verdad.

## Tú, Señor, besas mi alma

Con el aliento glorioso
del trigal en la besana...
Tú, Señor, besas mi alma.

Con el canto de un jilguero
recogido en la enramada...
Tú, Señor, besas mi alma.

Con el rocío en las flores,
que es un anuncio de Pascua...
Tú Señor, besas mi alma.

Con la sonrisa de un niño
que despierta en la mañana,
la caricia de la madre
que radiante le regala;
la pasión de un hombre libre
por mejorar esta plaza
y el abrazo efervescente
del amigo -caricia en llamas-...
Tú, Señor, besas mi alma.

# 2

## TRASCENDENCIA

*Un cierto sentido religioso*

**(Séneca)**

## A la vera de Dios

La nube
-"nube envidiosa" de fray Luis-,
puede ocultar el cielo a tus sentidos;
no obstante la niebla,
no retires la mirada,
insiste…,
bajo el impulso del sol.

El alma mantiene la altura en su vuelo
con renovado vigor,
para soñar encuentros
y anuncio de claridades,
para colmar inquietudes
y apaciguar ansiedades…
a la vera de su Dios.

El alma,
peregrina,
mimada,
por gracia enternecida,
enflora armonía de luces
y se decanta, hecha niña, con fervor
por la Cepa de cuidada heredad.

Goce infinito de amor. ¡Cautiva!...
"Tatuada"… "Sólo Dios basta".

## Abre tu fe a la plegaria

¿Tienes miedo en esta causa
en que el virus nos alarma,
nos sorprende y amedrenta
como monstruo con sus garras?
No es para menos, hermano;
en verdad, que no me extraña.

¿Dónde tienes escondida / la fe con sus alas blancas;
esa fe que no se rinde / ante las fieras borrascas
y se apoya en el Mesías, / tu Dios de nuevas alianzas?

No hay razón para ese miedo / que te inhibe y atenaza.
Acude a tus fuentes hondas / que en un tiempo fueron claras
y actúa con entereza / en abrazos de esperanza,
mientras refuerzas tu cuerpo / con la brisa de la playa.

En humildad y silencio, / recogida tu mirada,
rinde homenaje de gloria / con tu canción de alborada:
gracias a Dios por la vida / en momentos de desgracias.

Cuando cesa la tormenta
y en el cielo de tu alma
vuelve la luz esplendente...
no pienses que es un fantasma;
es Jesús con su sonrisa,
su paz, su alivio y su calma.
"No tengas miedo" -te dice-;
abre tu fe a la plegaria.

## Admiración y belleza

Si en movimiento de altura
y en clave de limpia ofrenda
prescindieran los humanos
de sentimiento y belleza,
perderían armonía
-que en agrado se asemejan-,
dos valores del espíritu
como dos anclas supremas.

Es elixir de los dioses
que ilumina la existencia;
abunda en grado profundo
en variedades y fuerza...
de modo que el hombre libre
que escalar goces pretenda
tiene un camino correcto
que el interior regenera.

No hay paseo que defraude / si en silencio se despliega
y el alma en clave de amor / descansa en la madre tierra,
abastecida de luz, / brisa fresca en primavera,
agua de blancas montañas / con aura de flores bellas
y en el centro una alabanza / de angelicales estrellas.

El hombre que busque auroras
en el umbral de esta tierra
y en ansia de eternidad
con garantía y firmeza...
tiene dos alas gigantes:
admiración y belleza.

## Afirmar el encuentro

Vengo a la deriva,
sin paz ni proyectos
que me clarifiquen
un camino incierto.

Traigo en la mochila / un pobre argumento:
corazón quebrado / con presentimientos...
Desde que la senda / del bien no cimiento
se lastima el alma / con grave tormento.

Busco claridades, / espantar el miedo;
y en masa de harina / servir de fermento.
Cuando pienso el tema / en más de un momento
llego a hacerme cargo / de mi cautiverio.
Varado en la arena / de espuma cubierto,
pido certidumbres / en humilde rezo.

Muy de vez en cuando / recurro al espejo,
y apenas hay cambio; / me faltan reflejos.
Abro ventanales / y acudo al silencio;
fluye aroma suave / con firme lamento.

La cepa vibrante
da fuerza al sarmiento
y esta nueva savia
de perdón y aliento
viste de colores
con olor a incienso
el alma sufrida
que afirma el encuentro.

## Agua viva

Agua limpia y transparente
en lago azul de montaña,
agua encendida de nieve,
agua inquieta remansada.

Quiero sembrar en mi huerto
la semilla de esa agua
y en soledad y silencio
esperar su augusta gracia.

Con un bautismo de aurora
he de enjugar una lágrima
y abrirme al riego celeste
con agua viva y sagrada.

Canción de alegre sorpresa
me llega de la enramada,
un susurro a mis desvelos
que germina en confianza.

Nubes altas en escena,
mensaje en luz procesada;
es el regalo que viene
de los dominios de Pascua.
La ternura del Maestro
-"amigo que nunca falla"-
anima a vivir en paz;
Jesús no 'pasa palabra'.

Al descansar inquietudes
del corazón con esta agua,
nunca jamás tendré sed
en plenitud de esperanza.

## Al son de buenas acciones

Para crecer en belleza
'ante Dios y ante los hombres'
no hay 'remedio' más preciso
ni otro criterio y resorte
que amar en conciencia clara
al son de buenas acciones.

El principio es evidente
como el aroma en las flores:
Dios es belleza infinita...
entre otras muchas razones
porque ama, crea y recrea
sin que apenas tú lo notes.

Así lo expresan profetas, / los sabios y los doctores
y todo aquel que piensa / -esclarecido en sus dones-
en el criterio asombroso / que de pronto nos expone
para dirimir en juicio / y darnos explicaciones:
¡Venid, benditos, al reino / y ampliad vuestro horizonte!,
porque paseaba Yo / entre emigrantes y pobres
y me acogisteis en casa / hasta templar emociones.

Para aquellos que no amaron / a sus hermanos más pobres
habrá palabras de fuego, / como condena y reproche;
porque optaron en la vida / por empresas menos nobles
y no embellecer su alma / al son de buenas acciones.

'El amor y el compromiso
con los hermanos más pobres'
ha quedado establecido
como criterio uniforme
para conquistar el reino
al son de buenas acciones.

## Alborada

Vivir con "ventanas y puertas cerradas
por miedo" a sentirse urgidos de amor,
supone olvidar que la fuerza interior
descansa y germina en auras sagradas.

Personas sin ángel y almas cansadas
no tienen por qué descender en fervor.
¡Sin miedo!, aconseja y saluda el Señor;
y anima el rescoldo con nueva alborada.

La muerte cruel que Jesús padeció
no pudo acabar con su sangre en la historia.
En Vida, según el Profeta anunció...

sería semilla con germen de gloria,
emblema de amor que al cielo entregó
y mástil de fe en brillante victoria.

## Alianza de amparo

No es posible crecer sin esperanza
en un campo por Dios fortalecido,
ni es sensato no estar apercibido
con el alma oscilante en la balanza.

Como el vino en sazón tras su crianza
se prodiga en la mesa requerido,
así el hombre prudente y bendecido
ensancha el corazón por la Alianza.

El hombre se redime de su historia
por la gracia en un monte abanderada
con silueta de escena mortuoria.

No te quieras sentir en retirada
porque veas distante la victoria.
Tu razón de vivir está amparada.

## Aquí estoy, Señor

Mi buen Dios del Amor y la Belleza:
te puedo confesar mis emociones,
mis miedos en la sombra, mis pasiones
y tantos laberintos de tristeza.

Las nubes han hurtado la grandeza
de sentirte sembrando bendiciones
al ritmo de azucenas y canciones
sublimes en fervores y en pureza.

Aquí estoy, mi Señor, con el saludo
y mi carga de múltiples vivencias
en esta tarde gris. A ti acudo.

Mírame. Tu mirada de bonanza
permite la expresión de confidencias
y blinda el corazón a la esperanza.

## Concierto en escalada

Oigo un suave gorjeo en la enramada
y el canto de la alondra en el otero;
tomo nota y advierto en un alero
zureo de paloma enamorada.

Siento el ansia de un alma acrisolada,
con aromas de incienso y de romero,
que despliega el sentido verdadero
para unirse al concierto en escalada.

Criaturas de un suelo en resistencia
iluminan su vida en alabanza
por instinto de luces y presencia.

¿Qué hace el hombre en su ser inteligente
-ungido por la gracia en alianza-,
si no entona su verso reverente?

## Aquí me tienes, Señor

Presencia de luz al frente.
Silencio, grave silencio;
mente en blanco, protegida,
y el corazón siempre abierto.
Clima de paz y nostalgia
con resortes de alto vuelo
y en actitudes de gracia,
reprimir sombras y miedos.
Los sentidos a la escucha,
con total recogimiento
y esperar en veste blanca
que fluya con aire nuevo...
de las alturas la voz
como la llama del fuego.
La Palabra siempre viva
de Jesús el Nazareno,
que sabe escuchar con calma
y cultivar el encuentro.

¿Oración? ¿Contemplación? / Gratuidad, discernimiento...
Cercanía en la mirada, / en línea con el Maestro.
El hombre, libre de tierra, / musita en flor un lamento,
y habla el Amigo del alma / al corazón en directo.

- No busques fuera la calma, / ni ansíes fuera el consuelo.
La quietud está al alcance / de quien busca con empeño
la semilla providente / que germina en nuestro cielo.
¿Me quieres más que ninguno? / ¿Me amas, amigo Pedro?
Y una voz firme responde: / - Tú sabes bien que te quiero.

Dialogar con Dios requiere / contemplación y silencio,
el corazón en las manos / y los sentidos atentos.

## Brille tu rostro ...

Plegaria en "estado de alerta" por el COVID-19

Amenazados los cuerpos
y el corazón oprimido
llegamos a tu presencia
con espíritu sencillo
en busca de amor y gracia
que nos confirme tu alivio.

El mal que el virus genera, / el desgarro introducido
y el desconcierto en el mundo / amenaza el buen sentido,
y nos vemos abocados / a un sentimiento impreciso.

Miedo, tensión, comentarios, / histeria en grado subido...
no son fórmulas que avalen / porvenir al peregrino.

Mejor, pararse a pensar / nuestro origen y destino,
volver la vista a las fuentes / donde brota el compromiso
y elevar a las alturas / nuestra plegaria en un grito
que salga del interior, / con tono de arrepentido:
nos asiste escasa fe, / estamos muy confundidos.

Despierta, Señor, tu gloria
en trance jamás sentido:
"Brille tu rostro y nos salve",
Dios clemente y compasivo.
No consientas que esta plaga
-como las siete de Egipto-
despliegue un campo de cruces
por seguir endurecidos.
Si quieres... puedes curarnos
con pan tierno y bendecido.

## Buscar a Dios

No busques a Dios
en la estancia de los intolerantes,
insensibles a la dignidad del ser humano,
explotadores de cuerpos con hambre
y almas cansadas.
No busques a Dios
en las salas de fiesta y conciertos de ruido
con turbulencias sin límite.
No busques a Dios
en lugares oscuros y ambientes opacos,
donde intervienen cantos de sirena
en dosis de muerte.

Busca a Dios...
... en el campo y la grandeza vegetal
de las primeras campanillas,
nacidas en el bello jardín de la "casa común"
para deleite de los sentidos y elevación del espíritu;
... en el aura que perfila la armonía de las cimas
y baja en brazos de los luceros
a la sierra y la campiña;
... en la noble sonrisa de un niño
que sueña poemas en pura transparencia;
... en la atención heroica
y servicio de caridad a quienes sufren...
Busca a Dios
en el silencio y rescoldo sereno del alma tranquila.
Busca a Dios
en el sosiego armonioso de la noche clara,
mientras crece la semilla.
Busca a Dios, ¡sí!,
en las pateras que llegan cargadas de ansiedad,
solicitando rescate y acogida.
Las estrellas son tu guía.

## Cantos de gloria

Cantos de gloria he sentido
en las pupilas del alma
al entrar con pies descalzos
y una antorcha iluminada
(cuando el sol despliega luces
en plenitud de alborada)
al centro de los misterios
donde se firman alianzas.

En el recinto sagrado / ángeles tienden sus alas
y recogen de los monjes / sus canciones y plegarias
para que en tono de lluvia, / con el corazón en calma,
se perfile un sentimiento / de absoluta confianza.

Está la Virgen morena / -en humildad de alta gracia-
impartiendo bendiciones / con dulce sonrisa blanca
a todos los peregrinos / que la veneran y cantan
con expresiones fervientes / propias del Tiempo de Pascua.

En el umbral de la gloria,
donde los sueños se enlazan,
no puede haber resonancias
sin una postura clara.
Virgen de la Vid y el Trigo
-mosto limpio en pura llama-,
que al ser humano alimenta
a pie de campo esmeralda.

De Dios en blanca presencia
a nuestra vida plegada
y la Virgen, Madre buena,
que en racimos se desgaja,
podemos estar seguros
en nuestra 'historia sagrada'.

## Censados en luz

Paz. Densa paz en el aire.
Paz. Paz... para el alma inquieta.
Tranquilidad sumergida
en esta emotiva fecha
al inicio de noviembre,
que por tradición interna
recordamos a las almas
censadas en luz eterna.

Paz. Densa paz en el aire
en esta jornada intensa
de fervor para las almas
y homenaje en fortaleza
a quienes nos precedieron
con 'sus constantes' sin quiebra.

Inquietudes y emociones, / recuerdos... con su tristeza;
y resonancias de triunfo / para todo aquel que espera
que el alma por fin se imponga / con su radical firmeza
sobre este cuerpo de otoño, / llamado a una muerte cierta.
Una luz tenue, una llama, / una esperanza de siembra;
como una semilla frágil / depositada en la tierra
es el alma, trascendida,... / y en el tiempo, vuela y vuela.

Paz. Densa paz en el aire.
Paz. Paz... para el alma inquieta.

# Clamor de alborada

Templo a la luz de la luna
las cuerdas de mi guitarra,
como descanso del cuerpo
y sosiego para el alma.

¡Canta la alondra de madrugada!

Pienso en la joven morena / -expresiva en su mirada-
que sufre su desventura / de la tarde a la mañana.
Noches de duro silencio / en horas tristes y amargas
sin que un abrazo de luces / enjugue todas sus lágrimas.
"Dolientes de Viernes Santo"... / sin halagos, no descansan;
no es posible conciliar / soledad en la distancia.

¡Canta la alondra de madrugada!

Para un corazón enfermo, / ¡qué despacio llega el alba!,
siendo así que necesita / el clamor de la alborada.
Por vivencias desvalidas / en el canto de mañana
no es fácil tensar el ánimo / sin sentido de esperanza.

¡Canta la alondra de madrugada!

¡Que no se aturda la mente
en estas noches ingratas!;
si el sentimiento confunde,
la razón templa las arpas
y esclarece soledades
acudiendo a la plegaria.

¡Canta la alondra de madrugada!

# ¡Cómo definir el alma!

- ¿Cómo definir el alma?,
-pregunta el niño al maestro-.
- Si he de decirte verdad
(¡y debo serte sincero!),
la respuesta que me pides
me pone en un fuerte aprieto.
El alma... -¡cómo explicarme!-
es la sonrisa en tu cuerpo.
¿Esto es decirte muy poco?;
del Creador, el aliento;
la caricia de tus padres
y del poeta su verso.

Estas fórmulas apuntan
a lo que yo considero
que ha de ser nuestra conciencia
sometida al pensamiento.
Si utilizo los esquemas
que dicta el conocimiento,
el alma es rumor de alas,
es llamarada de fuego,
es un ángel que te enciende
lo mejor que llevas dentro;
aspiración de otros mares,
un regalo, un privilegio;
una antorcha con luz propia...,
es un resorte en tu cuerpo.
El alma es savia del árbol,
la advertencia y el recuerdo,
la fuerza y pista de luz;
el alma es tu secreto.

¡Cómo definir el alma!,
si es espíritu y misterio.
Por más que alivio mi mente
y extraigo cuanto yo veo,
para describirte el alma

y acertar en mi argumento,
he de confesar sin más
que las fórmulas que ofrezco,
más que definir... suscitan
toda tu vida y anhelo.

- ¿Cómo definir el alma?
Te brindo un tercer intento:
el alma no se define;
el alma se escucha dentro;
desciende con tu mirada,
guarda y cultiva el silencio;
esa luz que te ilumina
con señales de embeleso,
el candor de tus pupilas
cuando miras al espejo
y el rumor de cascabeles
con su frescura y ensueño...
definen mejor al alma
que las palabras y verbos.

Una sensación sublime
con aspiración de cielo...
puede ser la voz del alma
con despliegue de romero.

# Compasión y servicio

***No es el amor*** un duende / vestido de terciopelo
que canta y gira en el aire / a golpe de circo abierto,
con escenario de luces, / graderíos bien dispuestos,
carcajadas entre aplausos, / sensación de esparcimiento
y en disposición festiva / de personal lucimiento.

***Amor no es*** ramo de flores, / de rosas o crisantemos;
tampoco amor son palabras / de saludo en los paseos;
el amor no es un halago, / ensoñación en un beso,
una mirada gentil, / apretón de manos, sueños,
derroche de simpatía... / una promesa, un requiebro...
pueden ser signos de amor... ¿Y si no fueran sinceros?

El amor es compasión,
es emblema, es proyecto...
de entrega en el ***servicio***
al más pobre, al hambriento,
al herido en la cuneta
-próximo o extranjero-,
en despliegue de atenciones;
no está el amor en el verso.

El amor es el milagro
de un corazón noble y bueno.
Es compromiso de fe,
es llama de fuego intenso
templado en crisol de nubes
con tolerancia de *credos*.
El amor es distintivo.
¡Algo tan vivo y tan nuestro...
que en ello nos va la vida!
Amor es hambre de cielo.

## Con el niño en su regazo

Ensimismada de amores
y una canción en los labios,
camina plazas y calles
(exhibiendo sus encantos),
una mujer de alta gracia
con el niño en su regazo;
va en busca del agua dulce
de la Fuente en sus dos caños.
La claridad del entorno
y la brisa del remanso
requiere a la joven madre
una tregua en su cansancio
y la encuentra -¡cómo no!-
en el recinto sagrado.

Gruta de piedra caliza
en un ámbito cerrado
para explayarse en silencio
-el niño duerme en sus brazos-
y recrear ilusiones
con el espíritu en alto,
mientras se crecen los sueños
con acordes elevados.

En un recital de amores,
fruto de intenso arrebato,
la madre ofrece a la Virgen
sus fervores y alegatos,
mientras clava la mirada
en sublime desenfado
en la Virgen de la Cueva
con el Niño en su regazo.

## Coraje y resistencia

Ante el coronavirus

Despierta, tú que duermes aturdido
con angustia y dolor en evidencia;
pon a prueba el coraje y resistencia
en la causa común que se ha extendido.

Por mucho que te sientas dolorido
y veas que se agota tu paciencia,
no te rindas y apela a tu conciencia
en busca del tesoro pretendido.

Las manos de tu Dios son providentes
y alcanzan con salud en su mirada
a aquellos, con criterios confidentes,

que actúan con el alma enamorada
de la vida y la luz en sus ambientes.
¡Coraje y resistencia consagrada!

## ¡Corazones a lo alto!

Amigos de buena estampa:
¡Corazones a lo alto!
Luchar y vivir sin miedo
es lo más justo y sensato.
Ante dudas y tristezas,
que causen duro quebranto...
si el hombre pliega su alma
y retira -cobarde- sus brazos
preludian dolor sin cuento
y causan grave naufragio.

¡Arriba las almas libres!,
en la batalla del campo.
Sumergidos en la tierra,
hemos de ser esforzados,
y hacer frente a los embates
con resistencia y trabajo.
El triunfo no llega pronto
si nos cruzamos de brazos;
y no logramos laureles,
ni el aplauso más sagrado
si no empeñamos la fuerza
con el sentido del salmo.

Peregrinos de mi tierra:
¡Corazones a lo alto!
Y en normal requerimiento
vivamos en paz, hermanos.

## Creer es poder

Requisito indispensable
para abrir caminos nuevos
es creer que son posibles
aunque requieran talento
y una firme voluntad
sostenida en el esfuerzo.

Cuando en la mente pensamos / que es real lo que creemos
y exprimimos decisiones / con vocación de romero...
las sombras se desvanecen; / y si en verdad proponemos
objetivos elevados / con audaz entrenamiento,
seguro que superamos / los niveles de alto riesgo.

En la vida cotidiana,
por temor y desconcierto,
sentimos que nuestras fuerzas
sucumben en el intento;
desfallecidos, dudamos;
pensamos que no podemos...
y en vez de darnos impulso
cedemos al desaliento.
"Quizá los valientes puedan,
nosotros ya no podemos".

Peregrinos de otros valles, / no vale este pensamiento;
la mente tiene energías / y el corazón sentimientos
que apoyados con firmeza / en la fe como cimiento...
rompen barreras comunes, / liberan del 'hombre viejo'
y en desafío de gloria / se alcanzan cumbres y récords.

Si crees que esto es posible,
no dudes; sigue en lo cierto.

## Creo en el hombre

Hoy prefiero sumergirme
en un mundo de fronteras,
de 'papeles' y alambradas,
de ambiciones y quimeras
con tintes inconfesables
y mentiras manifiestas...
Este es el mundo asfixiante
que rechaza a los profetas.

Mi objetivo es defenderme / -a la luz de las estrellas-
de prejuicios egoístas / y visiones obsoletas
que se mantienen ancladas, / a pesar de quienes sueñan
con un mundo más humano / de madura efervescencia.
Con mis versos de denuncia / reivindico la conciencia
por la justicia y la paz, / hasta escalar en la tierra
los niveles de igualdad: / una vida sin carencias
y unos grandes compromisos / de aquellos que nos gobiernan.

Y en terrenos de ilusión, / donde florece la fiesta...
desplegar palomas blancas / y el fulgor de primavera
hasta el encuentro en la luz / -con la mirada repleta
de esperanza remansada-, / que es para el hombre experiencia
de plenitud y de gloria, / según general creencia.

Si configuro el mensaje
en sus términos de urgencia
es porque creo en el hombre,
en su ingenio y fortaleza
para corregir errores
con audacia en su defensa,
porque la gracia le asiste,
le ilumina y regenera,
cuando con sabio consejo
abandona su soberbia.

# Cristo de humano dolor

Cristo de humano dolor,
aguijón del sentimiento:
el sentir del artesano
te hizo débil y sincero.
Eres Dios y eres humano
y acumulas sin recelo
el dolor de los más pobres,
desamparados y enfermos,
emigrantes a la fuerza
en el ferial del progreso;
perseguidos, injuriados
por razones de su credo,
con estigmas de tortura
y abatidos en el suelo;
los limpios de corazón
zaheridos en el tiempo...
"Dolientes de viernes santo",
emblema de sufrimiento.

Cristo de humano dolor, / humano sin privilegios;
tus cruces, como estandartes / enarbolados al viento
sugieren a los creyentes / el valor de un 'sacramento'.
En el registro de 'entradas' / de tu Padre, Dios eterno,
figuran tantas espinas / de dolor y abatimiento...
que reclaman fortaleza, / corazón de amor intenso,
para compartir tus cruces, / emblema del sufrimiento.

Pensar, amar y sentir
y trabajar con denuedo,
en un estilo de vida
como lo hiciera el Maestro,
aporta paz en el alma
en este humano concierto.

# Cristo de la sonrisa

El Parque de los Cipreses
que al sentimiento castiga
hace que el alma en tristeza
se acobarde ante la vida
y quede en dolor profundo
en desamparo prendida.

La muerte de un fiel amigo / siembra coronas de espinas
en el corazón sensible / de las personas ungidas.
Si "la vida es una fiesta"... / son agrias las despedidas.
No puede el hombre prudente / abandonar la partida
y permitir que le invadan / frustraciones escondidas.
Puede sufrir en la lucha, / multiplicar las heridas,
apuntarse al desaliento... / ¡mas no abandonar la pista!
La paz florece en silencio / en las "fuentes de agua viva".

La actitud inteligente / para el fuerte que camina
con la mirada en lo alto, / como aquel que peregrina
guiado por una estrella / de las que en el cielo brillan...
es acercarse con gozo / al recinto de la ermita
y abrir el alma a la gracia / del Cristo de la Sonrisa.

La quietud en su mirada, / la paz que allí se respira
y el gesto comprometido / de saludo y acogida
sirven de alivio fecundo; / y cual mansa oveja herida
te alzará sobre sus hombros / con ternura que fascina.

Como la mies entre abrojos
no despliega sus espigas,
tampoco yo en mis desvelos
que por doquier contaminan
puedo sin Ti hacer camino,
¡oh Cristo de la Sonrisa!

## Cruz, alivio de cruces

Una cruz en lo alto del otero,
expuesta a la inclemencia de los vientos;
una cruz solitaria y sin acentos
como signo de antiguo humilladero.

Sugerente la cruz junto al romero
como alivio de 'cruces' y lamentos,
para el hombre capaz de sentimientos
en línea con la fe del mensajero.

Me pregunto si el aura del camino
y aliento confortante en nuestra vida
es la gracia que anima al peregrino.

No hay respuesta global en la partida.
La persona que piensa en su destino
restaure en esa cruz el alma herida.

# Cuando la muerte...

He celebrado esta tarde
de Viernes Santo en la Iglesia
la muerte del Varón Justo
(que es la muerte del Profeta
y Maestro Nazareno),
con piedad y reverencia.
En un silencio fecundo
al amparo de la escena
quise evocar a los muertos
-peregrinos de esta tierra-,
que han trabajado y amado
con admirable entereza.

Me acerqué a los hospitales
entre sueños violeta
y vi cireneos valientes
en actitud manifiesta
ofreciendo sus servicios
a personas indefensas.
En juego de vida y muerte,
sin aliviar la tristeza...
elevo al cielo por todos
mi plegaria de clemencia.

Quiera Dios que en este trance / de la histórica pandemia
renovemos inquietudes / y sentimientos de fiesta
con antorchas encendidas / a la luz de los Profetas.
Convoco a todos aquellos / -gente de clara conciencia-
recluidos en sus casas / que no cierren la cancela
del corazón, ni su mente, / a la bondad y su fuerza
para hacer frente al futuro, / cuando el mal de la epidemia
tenga las alas cortadas / y renazca -en consecuencia-
serenidad, paz y gozo / por la gloria del Profeta.

## Cumbres de luz

Como un golpe de hacha despiadada
nos acosan noticias inclementes.
Necesito personas sonrientes,
capaces de elevar nuestra mirada.

Estamos ya en la séptima jornada
cansados de estadísticas dolientes.
¿No es posible extraer de los creyentes
un aliento de fe en la encrucijada?

En momentos de crisis y de olvido
-marchito el sentimiento religioso-,
os invito a elevar el buen sentido

a las cumbres de luz esclarecida,
como atleta vibrante y victorioso
que supera las pruebas de la vida.

## Deseo de Dios

Como un almendro en la estepa
ansía el agua y la brisa,
o el ciervo que no descansa
por las alturas aspira...
así el corazón del hombre
quiere silencio y suspira
por el encuentro en la tierra
con un ramo de sonrisas
que le recuerde a Jesús,
Camino, Verdad y Vida.

Como un jilguero en la rama
desplegar trinos precisa
y el niño recién nacido
se alimenta de caricias...
así el corazón del hombre,
cuando vive a la deriva,
acude a la fuente clara
-¡a las fuentes de agua viva!-,
para el descanso en Jesús,
Camino, Verdad y Vida.

Como el racimo en la cepa
fecunda en forma encendida
y el trigo en sazón madura
sueños que pronto lo expriman...
así el corazón del hombre
sazona inquietud, medita,
con esperanza de encuentro
en la Mesa Eucaristía
que es entrega de Jesús,
Camino, Verdad y Vida.

## 'Dominad la tierra'

Si lo nuestro es modular
esta tierra con esmero,
como el trino de un jilguero
que ameniza el palomar,
¿por qué yo no he de cantar
los encantos de mi tierra
y alguien al margen se aferra
en declararme un iluso
por el 'lenguaje en desuso'
y al silencio me destierra?

Si cantan a Dios su gloria
los astros y las estrellas,
las aves y flores bellas
a lo largo de la historia
y al son de gracia y victoria...
¿Cómo al hombre peregrino
que conoce su destino
de cantar con alma abierta,
se le ha de cerrar la puerta
para empañar su camino?

Si lo nuestro es ascender
poco a poco a las alturas
y desatar ligaduras
que abajo pueden nacer,
desarrollarse y creer...
¿Por qué un corazón inquieto,
amoroso en luz, completo,
ha de aceptar privaciones,
renunciar a sus canciones
en ritmo lento y secreto?

## ¿Dónde está Dios?

- Papá, ¿dónde vive Dios?
- En tu mirada limpia habita Dios.
- Entonces... ¿Cómo lo puedo ver yo?
- Mírate al espejo y sonríe.
En tu sonrisa esplendente y vivaz
se dibuja la imagen de Dios.
Si tú sonríes con tus ojos claros
yo veo a Dios riendo en ti,
descansando en la solana de tu alma.
- Yo quiero verlo.
- Cierra los ojos. Mira hacia dentro.
Sueña...
como sueña con su canto el ruiseñor
y cantan en tu sueño los luceros...
Sueña en tus padres y amigos.
Recuerda sus muchas caricias.
Dios te mira y te sonríe como "la flor de su jardín".
Está soñando contigo,
cabalgando a tu vera
en un sencillo carro de fuego.
Canta.
En tu corazón de cristal
tiene Dios instalada su tienda;
y sonríe con ternura
y en verdad.
Te abrazo a mi pecho
mientras te beso en la frente,
como el segador aprieta la gavilla
y la mece pensando en los trojes con deleite.
En este gesto de amor rotundo
destella la silueta vibrante de Dios.
- Yo le veo soñando y cantando contigo.

## El ángel de la luz

En juego de sublime transparencia
se despierta mi alma esta mañana
y un cálido susurro de fontana
se adentra acompasado en la conciencia.

El ángel de la luz grita sentencia:
así como la alondra en la besana
y el agua que en rumores se desgrana...
el hombre ha de cantar en consecuencia.

La brisa que acaricia y nos prodiga
cuando el sol generoso nos calienta
en Dios tiene su origen y esto obliga...

A llevar en la vida buena cuenta
con sentido de gozo en la fatiga
de qué nos pide el Ser que nos sustenta.

## El aura de Getsemaní

¿Qué decirte, Jesús, en noche oscura
en que he visto tu imagen angustiada,
con el alma afligida, ensimismada,
y en los labios lamentos de amargura?

No podré ya gozar de tu hermosura,
ni explayarme en la noche tan cerrada,
si no limpio la escoria en tu mirada
y remanso mi alma en tu ternura.

¡Qué grandeza de amor!, sin resonancia
por falta de reflejos referentes
en el hombre, cautivo en la distancia.

¡Corazón!, si no rompes la cadena
que te asfixia y te mata con sus dientes...
no tendrás libertad, sino condena.

# El grito de Jesús

Grita Jesús, indefenso,
sujeto a una cruz infame;
grita a los cuatro vientos
con una fe inquebrantable
y también con miedo de hombre
aquel viernes en la tarde.

No es un grito de protesta, / de rebeldía en la carne,
de confusión de papeles... / es un grito insobornable,
insólito y clamoroso / para fijar el mensaje:
"He cumplido en plenitud / la voluntad de mi Padre".
El grito es de afirmación / y riega la tierra en sangre.
Cuando Jesús desfallece / sin acordes musicales.
se resquebrajan las piedras / y los sepulcros se abren,
tormenta, rayos y truenos... / asaz escalofriantes.

Aquel grito del Calvario / resuena en plazas y calles,
con voz humilde y quejido: / personas que mueren de hambre
y de sed, desamparados... / sin nadie que las levante
por cultura insolidaria / y un egoísmo salvaje.
Se escucha de forma clara / en las guerras criminales
cuando los odios se cruzan / por personas deleznables
con atentados suicidas.
Y en todos los hospitales
donde sufren los dolientes.
Llega el eco a los hogares
con crueles consecuencias
e incluso a senos gestantes
-impunidad en las leyes-,
confundida alguna madre.

Grito de Jesús que muere / con ecos universales.
Grito del hombre al desnudo / con visión de amor gigante.

## El monte del dolor

Si en el monte no hay celindas,
sí crece un almendro en flor,
con cinco claveles rojos
y una espina de color
trenzada de verde oliva
en un paisaje de amor.

El Hombre que muere en alto
desangrado el corazón,
siente que el mundo renace
con aliento de pasión
sostenido en la palabra
con diploma de adopción.

Se han retirado de escena
los amigos de ocasión.
Y el piquete ejecutivo,
cumpliendo su obligación,
prohíbe sin miramiento
que le expresen compasión.

La Madre y el buen amigo
que comparten su dolor
se adelantan a su vera;
lo miran con gran fervor
y piden a las estrellas
que canten de dos en dos
porque ha triunfado en la tierra
-en el monte del dolor-,
la libertad para el hombre
y el reencuentro con su Dios.
El Justo ha de ser humano
de acuerdo a su condición.
Si en el monte no hay celindas
sí crece un almendro en flor.

## El paso procesional

Sereno y grave el ambiente,
destilan gracia los astros.
Y en afanes de colmena
se congregan los humanos
al toque de las campanas
en los días sacrosantos.

Cofrades y peregrinos
revestidos con sus mantos
se han dado cita en el parque
con prontitud en las manos
para pasear en gloria
al buen Cristo del Amparo.

A cargo de costaleros, / o en alto con los dos brazos,
le mecen, bailan y aplauden / con sentido apasionado,
cuando se acerca vibrante / en su hermosísimo 'paso'.
Cristo de humano dolor, / en aquel tiempo humillado
y hoy -con el odio en suspenso / y devoción de buen grado-,
aplaudido con honores / como Cristo del Amparo,
de corazón sin fronteras / y amigo del ser humano.

Bella silueta en la tarde
con mansedumbre de esclavo.
Impresiona su semblante,
obra cumbre de artesanos.

La saeta rompe el aire
como un grito enamorado;
un caudal de sentimientos
y la garganta en desgarro:
Cristo, huésped de mi alma,
Jesús del dolor sin llanto,
despliega tus bendiciones,
Cristo del Mayor Amparo,
mientras paseas sereno
entre fervores y cantos,
con trompetas y timbales
en noche de Viernes Santo.

Tras el grito y los aplausos, / gran silencio... y un descanso,
que es difícil mantenerse / sin caer en el cansancio.
Y así el fervor de los fieles / se desliza sin desmayo
hasta cumplir el programa / previsto para este caso.

Peregrinos y cofrades, / por la gracia motivados,
devotos bajo el asombro / sin movimiento de labios
y turistas de ocasión,... / ¡sufrientes del Viernes santo!...
podéis visionar la escena / con lujo de primer plano.

Parad el ritmo en la vida,
miradle con ojos claros
y al trasluz de las estrellas
-fundidos en un abrazo-,
descansad en el Dios bueno:
Cristo del Mayor Amparo.

## En diálogo directo

En el principio de un nuevo proyecto
y ante el asombro de mil inquietudes
no deposito en mis pocas virtudes
los resultados de tono selecto.

Con tu sonrisa, Señor, y tu afecto
quiero en mi vida que siempre me ayudes
y en mi plegaria y sencillos laúdes
siembre alegrías en todo el trayecto.

Aunque en mi tierra no nazcan las flores,
con la frecuencia que siempre esperaste
yo no reniego a olvidar los errores.

Un beso tuyo en el alma preciso,
una caricia que limpie el desgaste
y hogueras de gracia en tu Paraíso.

## En el campo crecen sueños

En un rato
de sosiego,
por el campo
de paseo,
necesito
-lo primero-
reavivar
con ingenio
las virtudes
del silencio.

Campo grande, / cielo abierto:
la floresta / y el romero,
el tomillo / y el espliego
incentivan / sin saberlo
mis vivencias, / pensamientos,
inquietudes / y proyectos.

Y las flores / del trayecto,
en notorio / manifiesto,
me presentan / a su tiempo
los aromas / que os ofrezco
con mensaje / lisonjero.
Si he logrado / yo en mi verso
aliviaros / y encenderos
con esencia / de altos vuelos...

Yo sí os digo / con mi gesto
que la brisa / y en silencio,
y las aves / en su vuelo
regeneran / el cerebro
y en el alma / siembran sueños.

# En la base del brocal

### La Samaritana

Esta mujer reivindica
el fiel de la humanidad:
si el desvarío fue grande,
el retorno es de admirar.

Se acerca Jesús cansado
con hambre de eternidad;
reconcilia sus afanes
en la base del brocal.

Llega también la mujer / en busca del manantial
que satisfaga sus ansias / de amor limpio y en verdad.
Sorprendida al encontrarse / con "El Hombre de la Paz"
enciende sus esperanzas / en la base del brocal.

Saluda Jesús en clave
de comprensión y bondad
y ofrece oportunidades
en un largo recital.

La mujer rinde su alma
con sentido de humildad;
armoniza y reconoce
el don de inmortalidad;
blinda su vida con gracia
en la base del brocal.

# Encendida en gloria

El alma, encendida en gloria,
extiende su manto al viento
con inquietud de alborada
por su arraigo en el misterio.

Tensión de luz esplendente,
de eternidad y de ensueño;
aspiración y nostalgia
dando rienda a los deseos
con intensidad preclara
en despliegue de altos vuelos.

Caminante de esta tierra, / peregrino en el desierto:
en tu equipaje y mochila / no cargues para el sendero
muchos afanes de tierra, / sólo dos, como dos fuegos;
el sentido de la vida / y el valor del pensamiento,
que se funden fácilmente / en un corazón abierto.

Como fragancia de flores
(tomillo, salvia o romero,
hierbabuena y madreselva,
trigo joven o sarmiento)
se eleva sobre las nubes / dejando en la tierra incienso...
así el alma en su andadura / se refugia en los destellos
de las raíces profundas / y aspira al lugar de encuentro
con sublimes realidades / en la bocana del puerto.

¡Paz para el alma dormida
en cuna de flor de almendro;
calma y quietud deseada
por el corazón inquieto!

# Gratitud

Hoy mi oración se hace canto / junto a tu imagen bendita:
saludo y acción de gracias / -por la merced conseguida-,
recogido en tu misterio / y en el alma... una sonrisa.
Gratitud en grado intenso / por los dones de la vida:
el tesoro más preciado, / con carácter de salida
en esta carrera ingente, / la escuela-hogar en familia,
donde aprendí con firmeza / lo que el alma necesita:
sentido de amor y entrega / presentado en la caricia.

El mensaje providente / de "una tierra prometida"
abre caminos al alza / para quienes peregrinan
entre abrojos en los pies / y en el alma una semilla
de inquietudes solidarias / con sublime perspectiva.
Los dones de gloria y fiesta
en ambiente a la deriva,
engendran seguridades
en aquel que los estima
y ensalza con fuego lento
las estrellas que le guían.
"Gracias a Dios sean dadas"
por su grata compañía.

## Graves momentos

Salgo de casa en alarma,
de puntillas y en silencio,
pues me avisan los amigos
que existe un ambiente incierto.

Precaución de mascarillas, / saludo entre compañeros
en forma nueva y extraña / y a distancia de dos metros.
Se ha suprimido el abrazo / y en consecuencia los besos,
las tertulias entre amigos / y otras señales de afecto;
las relaciones humanas / y expresión del sentimiento
han sufrido un desajuste / por censura de alto precio.

¿Intercambio de noticias? / Ya no se comenta el tiempo;
el deporte no apasiona. / ¿Vacaciones, encuentros...?
Lo que prima es el recurso / a la pandemia y efectos:
"Se han detectado afectados / en fábricas y colegios,
residencias de mayores... / ¡estamos en grave riesgo!".
Las puertas de siempre abiertas... / como bares y museos
se cierran por prevención, / incluso hay cierre de templos,
con medidas restrictivas / en semejantes eventos.

Cuando más falta nos hace
recurrir al gran misterio
de Dios, trino y providente,
e iluminar el proceso,
no caemos en la cuenta
de salvar el desconcierto
con la petición de ayuda
en estos graves momentos.
Como personas creyentes,
lectores del Evangelio,
sabemos que Dios escucha
la oración del hombre bueno
que solicita su amparo
a través del Padre nuestro.

## Horno de presencia

No me es dado pensar en despedidas
aunque vea tu cuerpo trascendido,
pues si acudo al mensaje difundido
me confortan las páginas leídas.

Tu Ascensión a los cielos donde anidas
-según mi corazón siempre ha creído-,
es aval de esplendor fortalecido
con moradas de amor, pues no me olvidas.

Tu presencia radiante y milagrosa
en el horno encendido a nuestro alcance
armoniza en manera prodigiosa

nuestra vida en la tierra, sin romance.
Y prodiga de forma misteriosa
sublime protección en este trance.

## Imagen de Dios

No me turba el desorden de esta vida
si discurro con mente despejada;
ni causa desamparo en la jornada,
si activo la esperanza requerida.

Sí me duele el despecho en la partida
cuando alguien me retira su mirada,
sin poder defender en paz callada
los destellos de lámpara encendida.

En tierra y al contacto con el hombre
no es sabio sumergirse en la tristeza,
ni escuchar veleidades en el viento.

Diré mis argumentos sin renombre:
la presencia de Dios en la Belleza
alas pone en el alma y da contento.

## La alondra y su canto

El niño pregunta curioso mientras juega:
- ¿Quién enseñó a cantar a la alondra?
- Su canto es su amor,
ceñido al alma y la pena;
brota de su pecho como fluye el agua de la fuente
y entre nubes alienta la brisa;
la calandria, como el sabio y el poeta,
canta y pregona en silencio,
como tu alma...
y sueña.
Su vocación y presagio,
es altar de primavera.

Un canto joven y alegre, cálido y ligero,
vigoroso y esmeralda, agudo y tierno,
cántico y sueño de alborada...
Cantar es su discurso y libertad,
oteando el horizonte rumbo a la luz primera.

¿Por qué canta la calandria?
Porque tiene un sentir que expresar...
La calandria es repique de campanas,
aldaba en la madera,
mensaje de esperanza;
canto virgen...
¡hoguera!

Un anciano venerable,
hombre libre, jardinero de la tierra parda,
me informa a la sombra del *"árbol sagrado"*,
donde él fija sus *'vientos de gloria*:
"La alondra ha de morir
donde siempre haya cantado".

## La belleza del espíritu

Tengo el lustre de las flores
en mi memoria guardado
y me encuentro confinado,
reprimiendo sinsabores,
sin deleitarme en colores.
Habré de salir airoso
de este escenario ruinoso
y dedicar mis sentidos
-por gracia fortalecidos-,
sin ponerme más nervioso.

Siento el perfil peregrino
en forma clara y brillante;
me inquieta la forma errante
que limita mi camino
sin que ilumine el destino.
El recurso a la ternura
que mi sentir transfigura,
he de llevarlo a buen puerto
si quiero tener abierto
el tinte de mi andadura.

## La fragancia del sarmiento

He aspirado el silencio de la aurora
con la brisa del árbol florecido;
y el canto de las aves en su nido
ha esbozado un paisaje que enamora.

Mar y aire en belleza embriagadora
para el hombre en la tierra sumergido
con la marca de un sueño esclarecido
y un concierto de luz innovadora.

Todo es gracia en el ámbito de nieve
-el silencio, la brisa y el mensaje-
en las altas instancias con relieve.

Sólo resta elevar el pensamiento,
en el canto, en la voz y en el lenguaje
y aspirar la fragancia del sarmiento.

# La mano siempre tendida

Con motivo del COVID-19

En aislamiento aceptado,
bajo un 'régimen de alarma'
he salido a los umbrales
de los cuerpos y las almas,
para soñar con los niños
que juegan con flores blancas.

Y vi las calles desiertas / de gente buena y honrada,
de una ciudad bullanguera / que ahora vive asustada
por un virus que se expande / con esquelas impregnadas
de dolor, hasta la muerte / de fugaces esperanzas,
por los parques y jardines, / hospitales y solanas
y ermitas que en otro tiempo / surtían luz y bonanza.

¡Hay psicosis, miedo, espanto!... / temblor de arena en la playa
y espuma sucia con garfios / que a los fuertes acobarda.
¿Qué ocurre a mi gente buena? / ¿Será que no vive anclada,
en inquietudes sublimes / que ilustran sus alboradas?

En soledad y silencio / y aislado en tierra sagrada
deseo alcanzar muy pronto / de mi gente confinada
canciones de resistencia / y fulgor en la mirada.
No importan que estén las flores / ocultas por la maraña;
importa que nuestras mentes / descubran nuevas alianzas
con quien anuncia su reino / en oferta de alta gracia
y tiende su mano amiga / a quien crea en su Palabra.

No temas la grave crisis / que a los cuerpos atenaza.
Todo viviente en la tierra / tiene una hoguera en el alma
que cauteriza pasiones / cuando acude a la plegaria.
No te aturda la epidemia: / enciende tu estrella... y canta.
¿Qué cantar en tierra enferma? / La canción de la esperanza.

# Leva el ancla, marinero

Leva el ancla, marinero
y entremos en alta mar;
el ansia de navegar
postula ser muy sincero
y aspirar a ser primero.
Si la meta en la partida
te resulta comprimida,
la recompensa final
al cumplirse el ideal
será tu gloria cumplida.

Con decisión transparente
y conciencia bien formada / busca la forma adecuada
de sentir 'la zarza ardiente', / que en actitud elocuente
siembra en el alma semillas / aparentes y sencillas,
para eliminar tensiones / y alentar las decisiones
al toque de campanillas.

En el comienzo gozoso
de un AÑO NUEVO en la vida / quiero ver fortalecida
la esperanza, que en reposo / y el corazón animoso
me invitan a comprender / el misterio de crecer
en gracia, virtud y ciencia / y actuar con diligencia
según nuestro menester.

## Ley de gravedad

Has navegado los mares
y transitado desiertos;
has recurrido en la tierra
a observar los altos cielos.
No te has negado al trabajo
por perfilar el progreso;
te has visto envuelto en conflictos
y esbozado mil proyectos.
No has perdido nunca el norte...
y te siento insatisfecho.
"La vida del hombre es lucha
en todo lugar y tiempo".

Has madurado tensiones
procedentes de muy dentro...
Y gritas, brazos en alto:
¿Dónde asentar bien los vientos,
cómo orientar inquietudes
y apaciguar mi lamento?

El sol de las altas cumbres, / al alba -según presiento-,
te ofrece en luz y colores / una respuesta con eco:
el hombre, en rol de turista, / requiere el esparcimiento
y centra sus intereses / en diversiones y juegos;
en papel de peregrino, / ha de adentrarse -en silencio-
en los paisajes del alma / por afán y privilegio,
con hambre y sed de justicia / de su corazón inquieto...
hasta el sublime descanso, / en un personal encuentro,
con lo mejor de sí mismo / donde gravita el misterio.

La radical transparencia
del hombre -¡asunto primero!-
no reclama otros paisajes
que los de su propio centro.

## Luz y vida

Luz que sustenta a la nieve
en las cumbres de los montes
sueña en valor de horizontes,
surte a la fuente en relieve,
logra que el cuerpo se eleve.
Luz que ilumina el camino
para que el fiel peregrino
se abra con gozo al misterio
y en virtud de buen criterio
alcance en gracia el destino.

"Yo soy la luz y la vida",
canta el divino Profeta
-soñador y limpio asceta-,
para que sea entendida
su liturgia preferida.
"Yo soy la vid verdadera"
y la gavilla en la era,
que cuida de los sarmientos
con llamas de siete vientos
y esplendor de primavera.

## No aniden en un creyente

No aniden en un creyente
sensaciones de amargura,
como en jardín cultivado
hierba mala no fecunda.

Desde que Cristo en su vida
y en su muerte en las alturas
sujetó al dolor con clavos
en una actitud augusta...
el seguidor del Maestro
-si no se rinde ni apura-,
tiene horizontes abiertos
y soluciones rotundas
para convertir el duelo
en caminos que despuntan.

Cuando en la vida ordinaria, / como digna criatura,
llueva en el alma granizo / y se caiga en "noche oscura"...
es posible con la gracia / de Jesús que se comulga
superar graves dolores / y elevarlos sin repulsa
hasta la cruz redentora, / donde vence la Ternura.

No aniden en un creyente
el sufrimiento y la angustia;
que no se acobarde el alma,
ante una dolencia aguda.
El dolor gana sentido
cuando la fe lo secunda;
con la ayuda de la gracia
podrás cantar aleluyas.

## 'No sólo de pan...'

Con la vida entre mis manos
y un mensaje de alborada,
no debo cerrar los labios
como el cobarde que calla.

Están los foros abiertos / en las calles y las plazas
esperando con angustia / un gesto y una palabra.
Gente sencilla y doliente, / expectante, marginada,
a la espera de profetas / que hablen en forma clara.
Personas con sed y hambre / en el cuerpo y en el alma
reclamando a sangre viva / -¡en sus manos no hay espadas!-
un trozo de 'pan bendito', / para su carne cansada;
una tierra, una herramienta, / una fuente de agua clara,
donde ocupar energías / y vivir con esperanza...
y un aliento de amor puro, / reflejado en la mirada,
que dignifique la vida / y dé sosiego a su alma.

¡Hay que levantar al pueblo!,
postrado si no trabaja
y si se presta al trabajo
humillado en su demanda.

No solo pan quiere el hombre
que su vientre satisfaga,
necesita otros encantos
con filo de doble alzada
que eleven su dignidad
con recurso a la plegaria
y colmen sus inquietudes
en el reino de la gracia.

## Paisajes de ensueño

No me basta vivir en tierra dulce
el brillo de un encuentro
con mi gente, que lucha en esta vida
en fiel hermanamiento.

Necesito afinar cada mañana
el arpa de mis sueños,
como canta la alondra al sol naciente
nanas de terciopelo.

Esta sed me estimula con sonrisas
en manos del almendro.
Vivir, amar, soñar... con las estrellas
en íntimo apogeo.

Preciso mantener el equilibrio
en clave de concierto
y ensanchar la inquietud del corazón
que llene el pensamiento.

En un huerto apropiado para el alma
defiendo mi silencio
y recurro al valor de la plegaria
sumido en el misterio.

Una vez en el ámbito sagrado
por gracia y el esfuerzo
descanso de inquietudes esenciales
revestido de aire nuevo.

¡Flor de guitarra...,
ansia de encuentro!

# Peregrinos de Santiago

Con luz en la noche alta
y entrelazadas las manos,
peregrinos de mi tierra
bendicen haber llegado.
¡Huele a salvia en los poblados!

Las campanas de la iglesia / de mañana han repicado
revistiendo a los romeros / de naturales encantos.
La vestimenta y atuendo / de quienes se han congregado
no deja lugar a dudas: / son romeros de Santiago.
No importan ya las distancias, / ni que presientan cansancio;
llevan el alma prendida / -con juvenil entusiasmo-
al perfil de los profetas / y al patrocinio del Santo.
¡Huele a salvia en los poblados!

\*\*\*

El eco de las campanas
y el buen ritmo de sus cantos
alientan nuevas alianzas
que los sirven de reclamo,
con la gracia y bendiciones
"fundidos en un abrazo".

Aspiraciones y anhelos
que el alma sueña en su abrazo,
logran que el cielo se abra
al festival de Santiago.
- Peregrinos de altos vuelos,
¿qué es lo que habéis soñado?
- En el "Campo de la Estrella",
que se antojaba lejano,
hemos tenido la dicha
de contemplar el 'milagro'.

## Plegaria en la noche

Perdido yo en tu mirada,
en esta noche de invierno
te invoco en las horas altas,
Señor, Padre del consuelo,
por el dolor de los hombres
con el corazón sin dueño;
yo no sé cómo decirlo,
pero sé que Tú eres bueno;
pongo mi vida en tus manos
y el dolor que te presento:
... el desgarro de los pobres / caídos en duro suelo,
con sus manos extendidas / y atenazados sus cuerpos,
buscando un trozo de pan, / pan de todos, "el pan nuestro"...
... emigrantes sin 'papeles' / presentando su proyecto
de vida digna y completa / con el corazón de almendro...
... tanta mujer asustada, / agredida en su aposento,
con angustia reprimida / porque ya le falta aliento...
... aquel joven de la cárcel / que, consciente del entuerto,
se arrepiente del error / y solicita un encuentro
con alguien que le comprenda / y mire con ojos nuevos.
... los viudos en soledad, / sin ayuda ni consuelo,
mendigos de una caricia, / una palabra, un anhelo...
... víctimas del terrorismo / por crueles pensamientos,
olvidadas socialmente / sin un reconocimiento...
... el enfermo terminal, / dolorido y 'sin remedio',
que escudriña en su interior / con un total desconcierto,
busca una brizna de luz / que le alivie en el momento...

¡Cuánto dolor en el hombre,
sufrimiento de mi pueblo,
sin sutura ni esperanza;
dolor que rompe las nubes
con la llaga de tu pecho!

## Presencia en luz opaca

Tarde de cielo incierto en las montañas;
dormita el enebral oscurecido;
y en la cima del tiempo, **presentido**,
**Tú**, con voz amorosa en mis entrañas.

Permanece la nieve en tus pestañas
mientras intento captar el sonido
del misterio, que brilla protegido
en el silencio azul, luces extrañas.

Palidecen las horas; sol y nieve,
se distancian las nubes, frío intenso
y descifro en el aire que me mueve

tu **presencia en la luz** de almas bellas,
y en lustre de la tierra, tono inmenso,
Tú en esencia, no sólo en las estrellas.

## Primavera del alma

La advertencia detenida
de este mundo en crecimiento,
nos lleva a tener en cuenta
que los rigores de invierno
no han de ser escatimados
ni temidos en extremo.

En el reino de las plantas
-lo confirma el refranero-
revestirse del encanto
que alcanzan con privilegio
en meses de primavera,
ha de fraguarse en invierno.
Los lirios y margaritas,
la pujanza en los sarmientos,
el vigor del trigo en ciernes
y hasta el más humilde espliego...
no maduran en verano
sin la crudeza del hielo.

Si es oportuno observar / y explayar el pensamiento
con datos que nos ofrecen / los naturales ejemplos,
es de sabios refrendar, / con buen sentido y esfuerzo
los talentos impulsores / que todos llevamos dentro.

Como el denso colorido
se forja en el crudo invierno
la primavera del alma
-que acontece en el misterio
y remansa en la plegaria-
crece y madura en silencio.

## Quién me diera...

¡Quién me diera
para mi sed
agua limpia en fuente clara!
Abundante y vital,
agua mansa,
de quietud en libertad,
con vitaminas verdes y albas.

¡Quién me diera pasión de espliego
para enramar en paz
el canto de los cipreses,
su armonía y su silencio!

¡Quién me diera
alas de esperanza
para desplegarme y volar,
transcender las nubes,
escalar el Parque de la Luz
en brazos de las estrellas...
y procesar los sentidos
hasta refinar el alma!

¡Quién me diera
agua limpia en fuente clara!

¡Agua de Vida y Fiesta,
lustre de Pascua...
y sosegar,
donde remansan las almas!

## Registros 'pascuales'

Al igual que los 'coristas'
de salmos en catedrales
no necesitan atriles
para sentir y explayarse
en horas de madrugada
y en funciones de la tarde...
vengo libre de presiones
a entonar este romance.

Entro en el sacro recinto / con sereno paso grave
y observo la poca gente / que visita los altares
recitando una plegaria / en silencio insobornable,
a favor de quienes sufren / el rigor de los afanes.

Traigo maduro un aroma / de incienso y mirra otoñales
para unirlo a los arrullos / majestuosos y suaves
que perfuman el ambiente / con acordes musicales
y eternizan la sonrisa / al trasluz de los vitrales.

Sobre la baldosa oscura / que se prodiga en las naves
resalta un juego de luces / con fragancias celestiales
y la mirada se centra / en el rostro de una imagen
que apacigua los temores / de los fervientes cofrades.

Es la lámpara encendida
con presencia de mensajes,
junto al rostro de María
-en su advocación de Madre-:
ambos infunden ternura
con sus registros 'pascuales'.

## Remanso de ternura

¿Por qué tanto silencio en la besana
con remanso de viento huracanado?
El trigo y el sarmiento bien podado
no maduran sin agua de fontana.

¿Por qué tanta advertencia en la mañana
y amor hecho ternura del Amado?
El ser más predilecto "está tocado"
y exige providencia meridiana.

Quieren tierra el racimo y las espigas
cuidados en parajes de bonanza
y atenciones constantes con fatigas.

El alma no progresa en hermosura
y consuelos que llenen la esperanza
sin la gracia de Dios y su ternura.

# Rescoldo de un creyente

*En recuerdo de un amigo...*

Porque te siento cercano
aunque ya no pueda verte,
necesito yo elevarme
del mundo de los claveles
y acercarme a tu recinto
-"El Parque de los Cipreses"-
donde reposa tu cuerpo,
cuando ya el alma florece
en la estancia de los vivos
con vestimenta celeste.

Traigo un puñado de flores / del campo -flores silvestres-,
que crecieron a tu paso / según esquemas terrestres
a la par que en tus afanes, / con el sudor de tu frente,
iluminabas la tierra / en forma clara y ardiente.
Ante el sentir de mi credo / yo quiero volver a verte.

Traigo en el alma un paisaje
de esperanza adolescente;
un susurro de ternura,
el rescoldo de un creyente
y una salmodia encendida
con gratitud que trasciende
como admiración y gloria...
mientras estrellas lucientes
desarrollan un concierto
con perfil de hoja perenne.

# Silueta de joven

En campo de margaritas,
donde se mece la hierba
bajo el impulso preciso
de la brisa en primavera,
vi de pronto, sorprendido,
los flecos de una silueta
caminando desde oriente
por una extensa vereda.

Figura de aspecto joven / con lustre de cinco estrellas,
armonía y compostura, / en su porte y apariencia.
En alas del pensamiento / y al runrún de las colmenas
quise ver quién se escondía / tras la imagen placentera.

Entre los árboles grandes, / crecidos en la ribera...
un joven de noble aspecto / con una mirada inquieta
se hace presente y pregunta / en forma clara y serena:
Vengo sintiendo en el alma / inquietudes de conciencia:
"amar y sentirme amado"... / ¡y el corazón se me quiebra!
He transitado senderos / en mi sencilla existencia
y no he logrado descanso / que tranquilice mis penas.
¿Dónde encontrar quien me aliente / y aperciba de las piedras?
¿Cómo esquivar los peligros / sin enredarme en quimeras?

"Caminante: no hay camino", / como advierte ya el poeta.
Los sentimientos y afectos / que descubres en tu esencia,
sin que suponga eludir / -por mi parte- una respuesta,
no se ajustan a unas normas / al amparo de la ciencia.

Cada uno en su interior,
con buen criterio y paciencia,
ha de abrir caminos nuevos
para armonizar su fiesta.

## Sólo a ti te pertenece

Sólo a ti te pertenece
cuanto aflore en tus "adentros":
fortaleza en la palabra,
fluidez de pensamiento,
capacidad de trabajo,
opiniones y silencios;
emociones de alto rango
y admirables sentimientos.

Eres libre, en consecuencia, / para armonizar proyectos,
formas y estilo de vida, / inquietudes y desvelos,
elevarte a las alturas, / aliviarte con tus sueños...
o descender a la sombra / en un laberinto incierto.
Sólo a ti te pertenece / cuanto aflore en tus 'adentros'.

En tu hoja de servicio / -si te sirve de consuelo-
tienes alma y corazón, / tienes vida y cien talentos:
con tensión y buen sentido, / esperanza y grave esmero,
podrás decir: "Esto es mío", / es parte de un gran misterio.
Si el corazón no lo exhibes / y en la vida siembras viento,
puedes crear un vacío / que te lleve al desconcierto...

Mejor: 'despliega tus alas'
y, encendido el pensamiento,
ilumina credenciales
con recurso a un nuevo aliento.
Confío en 'tu buen hacer';
cuenta, pues, con estos versos.

Sólo a ti te pertenece
cuanto aflore en tus 'adentros'.

## 'Tatuado en su mano'

### (Is 49, 16)

A raíz de los tatuajes,
tan de moda en este tiempo,
he caído yo en la cuenta
de un ardiente pensamiento.

Tatuados por Dios estamos / en el anverso y reverso;
en su corazón inscritos / por soberano misterio;
registrados en su libro, / como actúa un alfarero
que a cada obra de arcilla / la distingue con su sello.

"Tatuado estoy en su mano" / en señal de amor intenso;
acción directa de Dios / en sentido claro y cierto;
obra de arte con 'marca' / que acredita el Alfarero:
nuestro Padre -que ama y crea-, / es el autor verdadero.

En forma amorosa y gratis
-como se expande un almendro-,
por iniciativa propia
nos regala con su aliento
una vida apasionante
en la tierra, para el cielo.

No pidáis explicaciones
ni concluyáis que es un cuento;
la verdad es manifiesta
en el Nuevo Testamento.

El barro que en apariencia / es frágil y poco cierto,
tiene un valor importante / con el tatuaje en el pecho,
y justifica que el hombre / presuma a fuer de sincero,
que el tatuaje lo ennoblece / y lo llena de argumentos
al haber sido creado / con amor y sentimiento.

# Tengo en el alma una espina

"Tengo en el alma una espina",
una espinita clavada.
Te lo digo en confidencia
en este tiempo de gracia.
"Tengo en el alma una espina",
una espinita dorada.

No pretendo que la extraigas...
te lo digo en confianza.
Siembra una lluvia de estrellas
en remanso de solana
y alumbra el camino largo
con el sol de tu palabra.
En mi huerto más sagrado...
cultivo una nueva planta,
con el vino de alegría
y fuego lento de fragua.

En el fondo más inquieto / con albores esmeralda,
corazón de 'pura sangre' / y acordes de un alma blanca,
se ha cruzado en el camino / en horas de madrugada
un ángel de luces bellas / que despertó mi esperanza;
la sensación es de asombro, / de regocijo y bonanza,
y emergen mil pensamientos / como fuente de agua mansa
que salta en el arroyuelo / con vocación de mar alta.

"Tengo en el alma una espina".
¿No se nota en la mirada?

## Tensión del junco

Lo vi -niño- en la "Presa de las Suertes":
un retoño de junco sin aguante;
tembloroso, inquïeto y vacilante,
sacudido por olas no muy fuertes.

Te vi, **joven,** en vida, si lo adviertes,
igual que el junco: débil e inconstante,
perplejo en sociedad, **¡apasionante!**,
con el riesgo final de que no aciertes.

Tendrás que analizar bien tu misterio,
enraizado en proyectos de futuro;
no cejes al luchar contra corriente.

Si actúas y resistes con criterio,
'el éxito -no temas, te aseguro-,
descansa en decisión inteligente'.

## Un corazón solitario

Ante la grave pandemia
que sufrimos los humanos,
hombres de ciencia probada
y otros muchos afectados,
que han advertido el peligro
del virus y sus estragos,
investigan y se esfuerzan
con tesón y sin descanso
por conseguir un alivio
y un horizonte de amparo.

Hay otros que se aprovechan
del desconcierto de Estado
y desperdician talentos
por caminos muy contrarios:
engañan, divulgan bulos
y se valen de sus manos
para sembrar ansiedades
en parlamentos cerrados,
revestidos de egoísmo
y al margen del escenario.

Aquel viviente que crea
en Jesús Resucitado
ha de salir al encuentro
del dolor acumulado,
elevarse a las alturas
con corazón ensanchado
y ejercer de cireneo
en momentos de desgarro.

Ante la grave pandemia...
¡un corazón solidario!

## Una explosión de esperanza

"Al alborear el día
primero de la semana",
como un eco trascendente
que el mismo Dios pronunciara
en el origen del mundo
cuando activó su Palabra...
(surgió la luz en la tierra
y la vida con el agua)
ahora irrumpe de nuevo
una explosión de esperanza.

Es un deslumbre envolvente / que inunda al hombre de gracia.
¡Aleluya, no temáis!, / se nos dice en la mañana.
Una experiencia de gloria / que llena en luz a las almas,
ha reventado el sepulcro, / porque el Dios de la Alianza
con luz y vida en el rostro / y la brisa de alborada
ha puesto en jaque a la muerte / y restaurado la calma.

"Corred pronto a Galilea, / allí el Señor os aguarda";
confirmará este mensaje: / "Anunciadlo en las terrazas".
Que Cristo ha resucitado / en virtud de su alma blanca.
¡Aleluya, alegría! / Peregrina, hermano, y canta.
Que Cristo ha resucitado / en virtud de su alma blanca.

¡Alegría, aleluya!,
ha de ser nuestra proclama:
se ha revelado el misterio
de Jesús en la alborada.
Si Cristo ha resucitado...
¡Vivamos con fe la Pascua!

## Una fe sencilla

Dice María en su canto:
Una fe sencilla quiero.
Tan natural como el alma
de un niño pidiendo al viento
que participe en las tardes
con su cometa en el juego
y la eleve a las alturas
donde brillan los luceros.

Dice María en su canto: / Una fe sencilla quiero.
Tan pura como es el aura / del poeta con sus versos,
para ascender a la gloria / con palabras de aire fresco
que ayuden a los humanos / en su duro ministerio.

Dice María en su canto: / Una fe sencilla quiero.
Como la tierna caricia / que una madre sin sosiego
dedica al 'hijo perdido' / cuando se mira al espejo
y siente que en sus entrañas / reverdecen los recuerdos.

Dice María en su canto: / Una fe sencilla quiero.
Tan agraciada y divina / como el fervor manifiesto
de una monja de clausura, / ensimismada en sus rezos,
o aquellas que se dedican / a cuidar a los enfermos,
apoyadas en la fuerza / que brota del Evangelio.

Dice María en su canto:
Una fe sencilla quiero.
Arraigada con firmeza
en tantas almas y cuerpos
que prodigan utopías
y expresan su sentimiento
con una sonrisa abierta
amasada en el silencio.

## **Una intensa primavera**

Peregrino que caminas
sobre espinas en la tierra:
como Dios lo hace en el mar
y "la luna en el mar riela",
el alma del ser humano
en la altura se despliega.

El alma sabe, y soporta / la estrechez de las veredas
y medita veleidades / cuando ruge la tormenta,
"a imagen y semejanza" / de aquel que en plaza de arena
resiste y guarda silencio / y en ancla de amor espera
compañía; y que una mano / se le acerque con nobleza.

- Vengo, Jesús, a esta playa / por la señal de tus huellas;
busco en la ruta del mar / una alborada serena,
unos brazos poderosos / que me mantengan en vela
y 'en volandas' me transporten / al reino de la indulgencia.

Contigo y cada mañana
cuando la luz se acrecienta,
nos haremos a la mar
en sueño con las estrellas.
Dame tu mano y favores
en esta andadura nueva.

Que fluya gracia en el alma
como miel en las colmenas,
con el precepto preciso
del amor como tarea,
hasta alcanzar los perfiles
de una intensa primavera.

**3**

**QUIETUD Y SILENCIO**

*Aspiraciones del alma*

## Alegría interna

¡Sonrisa de alondra,
alegría interna!...
que vienes jugando
entre nubes negras
y alivias al hombre
que llora en la tierra.
Entra en mi aposento
por la puerta estrecha;
reposa en el alma
y enciende una estrella.
Quiero tu agua limpia,
tu aporte de fiesta,
tus galas, tus flores,
tu música interna
y un salmo de gloria
que canta y que sueña.

¡Sonrisa en silencio, / alegría intensa!...
madura en aromas / de nieve de sierra;
invade mi alma, / perfila mi ofrenda,
para que en el campo / -con dulce de abeja-,
no busque otras mieles / ni abra más veredas
para amar en calma / -una calma densa-
que viene en auroras / con alas inquietas
y reporta leve... / fulgor de azucenas.

Trigo en la besana,
mosto en la bodega;
alboreo en alto,
esperanza cierta.
¡Sonrisa esmeralda
sol de Providencia!

# ¡Alerta!

Presiento al alba una tierra
por el mal erosionada;
un espacio vulnerable,
sin perfiles en su estampa.
Y veo a la gente joven
de luz y sueños privada,
infectados de ponzoña,
humedecida su llama,
sin proyectos de utopía,
exprimida su esperanza.

Como caballos sin brida / arrecia el mal con espada.
¡Alerta!, que viene el río, / en gigantesca oleada
desbordado en su ribera / y absorbida la distancia.
Veneno ofrecido a sorbos / que agita a las buenas almas;
como lengua de volcán / con su fragor y su magma;
personas sin consistencia, / de perfil bajo y sin casta.

¿Desolación en el campo?
Severidad y nostalgia.
Acudid pronto, poetas,
con antorchas a la plaza
y orientad esos mensajes
que a la gente les degrada.
Entonad salmos de gloria
con acento de plegaria;
no podemos consentir
que no tañen las campanas
en lo alto de las torres
como canta la calandria:
con acordes de profetas
y repertorio de Pascua.

## Alma de poeta

Del anciano me conmueve
el candor en sus caricias,
el asombro de sus ojos
y el encanto que acredita;
la cadencia de sus frases
y el perfil de su sonrisa.

¿Y qué decir si es poeta?
Del soñador, me fascina
la fluidez en el verbo,
el ardor y su armonía,
el sentimiento que vive,
los impulsos que suscita,
el aura que centellea
y el encuentro de su rima;
sus sueños con las estrellas
y el alfar en que se inspira.

¡Qué bueno es haber nacido
con la gracia requerida!...
Para soñar con los astros
y pronunciarse en la vida
con la paloma en las manos,
en la mente lamparitas,
en el corazón ternura
y en el alma peregrina
la mirada más profunda
y el verso que la armoniza.

## Anhelos de esperanza

Mis anhelos han crecido
en color verde esmeralda
por veredas y caminos
empedrados de esperanza,
al ritmo de las estrellas
que marcan las alboradas.
He tenido en gran estima
los ejemplos de mi casa
donde las brisas azules
y los fervores del alma,
confluían sin desmayo
en la misma llamarada.

Con el hogar encendido
en el fuego de la gracia
y la vida en consistencia
de canción iluminada,
se puede vencer el riesgo
que se corre en la desgracia.
Vivo en despliegue de luces.
Cuando la bruma me alcanza
recurro a expresiones vivas
con el toque de campanas
y en los momentos bravíos
me refugio en la plegaria.

## Apostar por la lectura

En la sala de opiniones
se acrecienta la cultura
con intercambio de ideas
y depuración de dudas;
presento una pista en blanco:
la pasión por la lectura.

El encuentro y buen ambiente / en tensión y compostura
deriva en vuelo profundo / y reclamo sin escusa,
cuando la prosa y el verso / confluyen en hermosura.

La imaginación nos lleva
-como quien mece una cuna-
por caminos placenteros
a la experiencia conjunta,
con tertulianos y amigos
donde el interés se cruza.

El alma, en pleno deleite, / se ilumina en forma pura,
y el espíritu en despliegue / a compartir se apresura;
la fantasía se crece / y el intelecto se ilustra.
La urdimbre que se ha logrado / en la sala de lecturas
con un libro como amigo / y en compañía de ayuda,
trasciende en grata medida / la sorpresa más rotunda.

Fuerza y calor es el libro,
compañero fiel que alumbra;
instrumento en manos firmes
y en la mente clara y culta.

## Con alma serena

Subo a la montaña
con alma serena;
en la mano, un ramo
de lindas violetas.

Denso es el paisaje / y hermosa la escena,
porque en el ascenso / cunde la floresta.
Llego ya a la cumbre / y una paz inmensa
se atisba entre nubes / profundas y bellas.

Florece en el aire / una brisa inquieta;
consorcio de luces / con aura de estrellas.
Recuerdo del valle / cansancios y penas;
las manos en alto / presento la ofrenda.

La plegaria es doble; / la oración, intensa:
un ramo de flores / y un alma serena.
Le hablo al Dios vivo / de grave pandemia;
esa carne en ascuas / en salas de espera...

Sobre el ara grande
que forma la tierra,
una cruz en llamas
se anuncia en clemencia.

¡Gloria en las alturas
y paz en la tierra!
Por siempre alabanza
con alma serena.

## Descanso de inquietudes

Quiero escalar altas cumbres
donde descansan los sueños,
en alas de gracia viva
y el aporte del esfuerzo.

Mis raíces de partida / en razón de privilegio,
aspiran a cumbres nuevas / en horizontes de fuego.
Así plugo en los inicios, / según el fiel mensajero,
al Creador de los hombres / de corazones inquietos.

"En el lagar y el molino" / -cruz y gracia- a fuego lento
se abastece el ser humano, / para salir al encuentro
con el cultivo constante / de su perfil y su verso.

La "imagen y semejanza", / según visión de Alfarero,
derivan en consecuencia / en reposo verdadero.
Al calor de las estrellas / y el brillo de los luceros
se hace presente en el alma / -en plenitud de misterio-
el Autor que nos sostiene / y colma de gozo intenso.
La medida es rebosante... / y el corazón más inquieto
logra la paz y el descanso / con satisfacción de anhelos.
Es bueno tener presente / -en tensión de pensamiento-,
que la sangre en nuestras venas / ha tenido el gran acierto
de fundirse en un abrazo / con la Sangre del Cordero.

Con voluntad de emergencia,
armonía en sentimientos,
solidaridad de amparo
en tono grave y sincero...
se alcanza en buena medida
y en función de ministerio
el afán que prevalece
donde descansan los sueños.

## El aura del desierto

Vengo con los pies cansados
y aturdido el pensamiento:
en la tierra no hay bonanza;
al menos yo no la encuentro
en el ambiente en que vivo;
la tierra es un cautiverio;
sin depurar sinsabores
me resulta un cementerio.
Quiero desnudar el alma / de tensiones y lamentos
y revestirme de gracia / con el aura del desierto.
Los sabios con su elocuencia, / los poetas con su verso,
los monjes en la oración / y el asceta más austero
marcan veredas y pautas / impulsando en todo tiempo
lo que ha de ser para el hombre / -corazón y mente inquietos-
poner la conciencia al día, / blanca como flor de almendro,
atemperar el instinto, / con semillas de otro templo
y cultivar nuevos frutos / por los valores del reino.
Habrá conflictos ocultos / y tensiones de alto riesgo:
para alcanzar equilibrio / y disfrutar del momento...
recuperar la armonía, / compromisos sin complejos,
organizar el futuro / con la música del viento,
la soledad del oasis / y la canción del silencio.
Transito veredas limpias / en busca de un hombre nuevo
que facilite bonanza... / y mitigue el desconcierto
de la tierra donde habito / sumergido en cuatro sueños,
intensidad en el alma / y nueva dosis de aliento.
Necesito a todas luces / recuperar el ENCUENTRO
con quien mitiga pasiones / según su propio convenio;
no hay caminos señalados, / habrá que marcar proyectos,
recuperar energías, / iluminar los anhelos
y ensanchar el corazón / con mirada de altos vuelos...
Lo que importa en este trance / de lucha sin privilegios
es no abandonar la pista / aunque cueste sufrimiento
y mantener encendido, / de palabra y en los gestos,
el CIRIO, antorcha pascual, / que es 'abundancia' y misterio.

# El niño muere en silencio

Vienen cantando en las ferias
patrullas de mensajeros
con los brazos extendidos
y fragancia de romero.
...¡Y el niño canta en silencio!

Llueve en las cumbres más altas
sin el fragor de los truenos,
con mansedumbre de gloria
y esperanza de progreso.
...¡Y el niño duerme en silencio!

Los profetas de esta tierra
con sus palabras de fuego
y el corazón sorprendido
apuestan a cielo abierto
por la justicia y la paz,
columnas de un mundo nuevo.
...¡Y el niño sueña en silencio!

Los hombres menos humanos,
egoístas y perplejos,
se 'entretienen' con la guerra
en notable desconcierto.
...¡Y el niño muere en silencio!

En la ciudad, las terrazas
de la tarde y el encuentro;
burbujean entre amigos
en regocijo sincero...
¡Y el niño muere en silencio!

## **En tu interior...**

Responder a unas preguntas
con madurez y sosiego
es una cuestión vigente
para el hombre, en todo tiempo.
Tengo una vida en mis manos
por sublime privilegio.
De sabios es indagar:
¿quién soy yo y de dónde vengo?
Si yo me centro a pensar,
en un primer movimiento
he de admitir con orgullo
ser criatura en proyecto.

Al hombre contemporáneo / le envuelven dudas sin cuento.
¿Por qué yo he de vivir / en un escenario incierto?
Cuando clamas plenitud / -joven corazón inquieto-,
se te ofrece por doquier / trabajo en tensión de fuego,
violencia, corrupción, / egoísmo, desenfreno...
Tú no debes prescindir / de viajar a tus adentros,
donde pueda madurar / el alma con su misterio.

El mensaje de los sabios
es de claro entendimiento:
tu corazón no descansa
en los ambientes infectos.
Se requieren grandes luces
y selección de deseos;
saber qué acciones sensibles
te pueden llevar al riesgo
de que te tilden de loco
y te retiren su aprecio.

Trivializar es muy fácil / como veletas al viento...
Prescindir de lo más noble / y alejarse del Maestro,
resistirse al compromiso / con pérdida del respeto
a la vida, a las personas, / sin previsión de reflejos...
desencadena en el hombre / ansiedad y desconcierto,
desvarío y sinsentido, / desesperanza de infierno...

Si te apoyas en la gracia / y los resortes primeros,
y descubres en ti mismo / lo mejor que llevas dentro,
tu capacidad de escucha / al Espíritu y su aliento...
tendrás respuesta correcta / al primer planteamiento:
como punto de partida, / eres hombre en cuerpo entero
si revalidas tu gloria: / la imagen de Dios, su sello.

Barro frágil e impreciso
que en razón y buen criterio
puede alcanzar realidades
para el deleite más cierto.
Antorcha de luz y vida,
sinfonía de alma y cuerpo...

Descubrirlo en tu interior
ha de ser tu ingente reto.
¿Para qué has de vivir,
preguntas sin fingimiento?;
escucha en tu interior:
para amar hasta el extremo.

## Encuentro

En una tarde de otoño
y ya el sol en retirada,
quise calmar ansiedades
en mis estancias sagradas.

El escenario es tranquilo: / riachuelo de agua clara,
una piedra como asiento; / en el suelo, verde malva
y la sombra de un almendro / como anuncio de aura cálida.
Recogido en mis anhelos, / hago memoria con pausa;
recuerdo escenas de gloria, / donde el corazón alcanza
a sentir presencia viva / del Peregrino de Pascua.
(Veo en el río la imagen / del junco que templa el agua
y surca nubes y cielos / una silueta de águila).
Con aire de luz y fiesta / el Maestro -en veste blanca-
extiende hacia mí sus manos / ofreciéndome su alianza
y sin mediar más saludo / brinda su voz y me abraza.

Con gesto de complacencia,
brillo de luna en su cara,
en sus ojos dos estrellas
y el rostro en inmensa calma...
me dedica una sonrisa
y despliega su palabra:
"Vengo al encuentro del hombre
con semillas de esperanza,
para enjugar inquietudes
y abrirme paso en las almas".

\*\*\*

Me alivia del mar la brisa / con mezcla de 'amor en rama'
y sin buscar más halagos / centro en Jesús la mirada.
No es definible el encuentro / ni es fácil vivir en ascuas;
respiro hondo y elevo / en gratitud mi plegaria,
con la sorpresa en los labios, / cumplido de luz y gracia.

# ¡Gritos de paz!

En trance de un manifiesto
y excitado por la pena,
grito una paz luminosa
sin estruendo de tormenta.

Paz en el alma del pobre
y de un fuego sin hoguera;
el rescoldo del silencio
y el calor de primavera.

Paz de los lirios del campo,
de los surcos en la siembra;
del arco iris de gloria...
¡Grito una paz verdadera!

Una paz de amanecida,
la paz del alba primera,
esa paz indefinible,
contagiosa y duradera.

¡Armonía de inquietudes!,
paz que del cielo provenga,
dicha y quietud en el alma...
¡esa paz de las estrellas!

## Homenaje de alta gracia

No es menester que el declive
de una persona entregada,
abandone compromisos
y anuncie su retirada...
para obsequiar a un 'profeta'
que ha iluminado a las almas
cultivando la amistad
y despertando esperanza.
Sería poco acertado
esperar a que su llama
se apague de puro esfuerzo
y su mente no esté clara.

A los 'gigantes en tierra' / -surtidores de alboradas-,
prestar reconocimiento / y ofrecerlos una palma
es un deber de justicia / que aligera y afianza
en su lucha y paz sublime / y en su salud malograda.
En 'olor de multitudes', / con el cariño y su magia,
la persona se enaltece, / se yergue como una brasa
cuando se aviva el rescoldo, / agitando en su nostalgia
el calor del encendido / en su pasión escarlata.

Provocar una sonrisa
en una persona amada
es regocijo del cuerpo
y un regalo de alta gama.

¿Qué es el hombre en su destino? / ¿Qué es la vida sin su Pascua?
El misterio hombre y vida / se confunde con la llama.
Si una vela en palmatoria / como ofrenda se desangra
requiere cuidado intenso / y un homenaje de gracia.

## Inquieto peregrino

Conozco una flor de campo
en el borde del camino;
su visión y la fragancia
-al inquieto peregrino-
pone alas en los pies
cuando se busca un destino,
y despierta la esperanza
del corazón dolorido.

Esa flor sabe de amores, / de cansancios y peligros;
también conoce inquietudes / -pues muchos así lo han visto-
en los repliegues del alma, / cuando se sufre un olvido,
o se tiene un gran dolor / al perder al ser querido.

Al borde mismo en la vida,
en el momento preciso
en que aparecen las piedras
y te sientes desvalido,
conviene hacer una pausa,
tomar en la mano un lirio
y, con silencio de amparo,
buscar en la flor estímulo,
como cuando se recibe
el abrazo de un amigo.

Si el cuerpo se despereza
y el alma encuentra un respiro,
podrá seguir adelante
el joven, fortalecido
con el calor y el aroma,
la ternura y colorido
que trasmite una flor blanca
al inquieto peregrino.

# La experiencia del silencio

El silencio es una ciencia

En la esencia de mi canto
tengo hospedado el silencio,
según nostalgia constante
y personal manifiesto.

Con estudio de las cosas
y sublime advenimiento
he podido hacerme cargo
y aceptarlo en mis criterios.
¡Blanco de nieve para mis versos!

El campo en luz nos enseña / a valorar el silencio.
¡El silencio es una ciencia / que se aprende con esmero!
El tomillo florecido, / el ciprés del cementerio,
el rosal ajardinado / y el encanto del romero;
el recato de las huertas, / los trigales y viñedos...
me ha enseñado a descubrir / y a respetar el silencio.
¡Aurora de nieve para mis versos!

Los monjes y anacoretas
retirados al desierto
enfatizan la armonía
y el poder del pensamiento.
¡El silencio es una ciencia
que se aprende con empeño!

Hay un espacio propicio, / con la fuerza del almendro
para poder adentrarse / al deleite del encuentro,
en lo profundo del alma / donde fermenta el silencio
como el mosto en la bodega / que ha elaborado el labriego.
¡Blanco de nieve para mis versos!

Manantiales de agua viva,
remansos de ritmo lento,
el rocío en la mañana,

ermitas de culto abierto,
parameras despobladas,
capillas de monasterios...
son lugares que propician
la experiencia del silencio.

En la cultura del ruido
donde aturden decibelios
es muy sano para el alma
y oportuno para el cuerpo
cultivar en estos campos
la experiencia del silencio.
El silencio es una ciencia
que se aprende a 'fuego lento'.

## La mesa está servida

Mecido suavemente en la ribera
crece el trigo con brisa de bonanza
y en la cepa el sarmiento en esperanza,
sueña y canta con luz de primavera.

Vino y pan en la mesa pionera
que trasciende la justicia en alabanza,
engrandece los resortes de alianza
con la gracia que acompaña a quien libera.

El labriego que siembra y agavilla
y logra con su esfuerzo pan y vino
robustece su alma en esta orilla.

Pero aquel que se encuentra al Peregrino
y comparte la flor de la semilla
se asegura en el reino un buen destino.

# La muerte del poeta

Dicen que ha muerto el poeta
mientras cantaba a la nieve.

Lo están velando en la cumbre
-en un formato celeste-
el cantor con su guitarra,
la luna de raso y verde,
el ruiseñor con sus trinos
y la floresta silvestre
en su fragancia y colores…
Con tonos de gloria quieren
rendirle honores precisos
y darle un beso en la frente.

No faltan en el 'velorio' / con sus ramos de claveles
los niños y los ancianos; / tristes ellos van y vienen
rebuscando en su conciencia / palabras de acento ardiente;
dos jóvenes quinceañeros, / que ya sabían quererle,
llegan vibrantes de luces / con la intuición de siempre
y expresan al fiel poeta / los 'sentires' que estremecen.

Han llegado los lectores,
en esta tarde de viernes,
a reconocer los versos
del poeta, porque quieren
emular sus sentimientos
y darle un beso en la frente.
Todos despiertan recuerdos,
los hombres y las mujeres.
Dicen que ha muerto el poeta
un día blanco de nieve.
Guarda silencio la tierra
con sonrisa limpia y fuerte.

## Noble aspiración

Voy andando por la tierra
sumido en mil pensamientos;
lo hago en ritmo sosegado,
por un extraño sendero
que han transitado pastores
desde muy lejanos tiempos
y lo siguen paseando
peregrinos de alto credo.

Todos han hecho veredas / al convertirse en viajeros;
sólo algunos -los poetas- / han logrado con su verso
transmutar la senda recia / en camino verdadero,
acompañando a sus pies / con el corazón abierto
al repique de campanas / y a la caricia del sueño.

La brisa alegra su rostro, / vibra su mente en proyectos
y en perspectiva lejana / -horizontes de misterio-,
logran traspasar las nubes / para cantar en silencio
con la estrella de los mares / y la alondra en su concierto.

El camino se hace corto
porque el profeta, en su ascenso,
recuerda un bello romance,
recoge flores de almendro,
se esponja grave en sonrisas,
absorbe tensión de fuego
y se cobija en las nubes
en sublime movimiento
de alma con inquietudes...
¡Noble aspiración de cielo!

## Nunca jamás te acobardes

En el poblado de arriba,
siete ancianos -en la tarde-
comentan sus inquietudes
-sus 'hazañas' más notables-,
sin faltar las referencias
de pensamiento y edades...
mientras repican campanas
y los niños en la calle
se entregan con desenfado
a sus juegos escolares.

Un joven se les acerca / con saludo responsable;
tiene dudas y preguntas, / vacila y tiembla su carne:
¿Pueden ustedes -pregunta / nervioso y en tono grave-
escucharme unos minutos, / contestar y explicarme
si en su experiencia han vivido / las dudas que a mí me invaden?

- Tú dirás, joven inquieto, / cuáles son tus ansiedades.
- Me oprime el dolor humano, / tengo miedo de enfermarme
y el alma se desmorona / ante la muerte salvaje.
Esta ansiedad que yo tengo / y cada día es más grande...
¿Llega un momento en la vida / en que por fin se me aclare?
Las siete miradas tiernas
de los siete venerables
y la palabra profunda
con un tono relevante,
responden con calma intensa
y con fórmulas brillantes.
Cuando percibas el aura,
-del alba a la media tarde-,
deja que el sol te ilumine
y acude presto al mensaje:
vacilaciones y dudas...
nunca jamás te acobarden.

Una luz indeficiente, / una semilla inefable,
que recorre por tus venas / como ocurre con tu sangre...

pondrá quietud en el alma / según en la vida avances
y la suprema esperanza, / que Dios solamente sabe,
como una estrella de amor / con tres perfiles reales
colmará todas tus ansias / con descanso en tus afanes.

Cuando el misterio asimiles
y en tu alma se afiance,
canta a la vida y camina,
nunca jamás te acobardes.

## Para alcanzar las estrellas

Para alcanzar las estrellas...
... habrás de hacerte muy niño
con tonos de primavera;
... habrás de reír al alba
y espantar así las penas.

Para alcanzar las estrellas...
has de cuidar con esmero
el jardín de los silencios
y elaborar utopías
donde crecen y navegan
el candor y la armonía,
la verdad y la belleza.

Para alcanzar las estrellas...
... habrás de encarnar en vida
el bien en toda su esencia;
... habrás de encender el fuego
del corazón sin riberas.

# Peregrino

¿Qué buscas y adónde vas
con la brisa, **peregrino?**

Voy al "campo de la estrella"
con mis sueños encendidos,
busco alivio de inquietudes
a lo largo del camino.
Necesito un guía experto
que acompañe mi destino.

Has de atravesar montañas / y cuidarte de ti mismo;
y mitigar el cansancio / a base de un plan florido.
Los sueños del corazón / -así ocurre al pajarillo-,
requieren abrir las alas / al horizonte escondido.

Si me admites un consejo: / templa y alivia el hatillo
y libera el corazón / con donaire y regocijo
-como en el campo florecen / amapolas y el tomillo-,
sin privar de una sonrisa / al que se cruce contigo.

Confía en tus propias fuerzas / con los afanes de un niño;
al amparo de la aurora / y con atuendo festivo,
caminarás con sosiego / dibujando -agradecido-,
el anuncio del misterio / y el regazo más querido.

Si caminas las veredas
y remansas en el río
con coraje renovado,
soslayando los peligros...
al son de cítara y arpa,
con el vigor de los lirios,
conseguirás lo que buscas;
sueña y canta, **peregrino.**

## ¿Qué te inquieta, peregrino?

¿Qué te inquieta, peregrino,
que paseas tu nostalgia
por el campo entre el romero,
en alta tensión del alma?

La pregunta que me llega / viene en el viento colgada
con eco de veinte lunas / y en directo formulada,
a través de signos claros / que evidencian la demanda.
- Vengo huyendo de los ruidos / que desconciertan y enfadan;
busco la paz y el sosiego / con la ansiedad de quien ama
y no encuentra en el bullicio / un escenario de calma,
donde explayar inquietudes / que tienen raíces largas,
ni un camino claro y limpio / que al corazón satisfaga.
Siento los hombros cargados / con referencias amargas;
una niebla impenetrable / que oscurece la alborada
y un rescoldo que fenece / sin vigor de nuevas brasas.

El aliento que se esconde / en remansos y cañadas,
en el silencio expectante / -con el sol en escalada-,
motiva en forma suave / el sentido de esperanza.
Busco un rostro complaciente / y el calor de su mirada,
que sepa de amor fecundo, / de compasión y de gracia;
incluso de sangre y muerte / con propuestas de alianza,
con cinco claveles rojos / que en horas de madrugada
resplandezcan en lo alto / como experiencia de Pascua.
Para calmar ansiedades
y el grito de mi garganta
necesito ver en claro
-¡sublime historia sagrada!-
la figura inconfundible
de Jesús con cinco llagas,
que entre 'esplendores sagrados'
el premio de luz alcanza.

# Requeridos por la brisa

Nos hiciste, Señor, para ti.
(San Agustín)

Crecido en compañía y siempre amado
como crecen los sarmientos con soltura,
noto el alma abierta a la Hermosura
y al deleite de un cielo iluminado.

Ungido el corazón y concentrado
en calma permanente de clausura,
se agita el peregrino en la angostura
sin despliegue creciente y sosegado.

Como el ave batida por el viento
pone a prueba la fuerza que le asiste
y no cede a seguir en movimiento...

Así el hombre repunta ante la vida
si exprime su 'talento' y se reviste
del ámbito de gracia esclarecida.

# ¡Sembrar en campos floridos!

Sueño a 'mi viejo' en la tarde
trenzar en vida ilusiones,
hilvanando sus silencios
al ritmo de sus pasiones.
Sumergido en su armonía,
camina sendas y alcores
mientras el alma le canta
con sutileza en colores.

Ilumina el sol su frente / cuando se adentra en el monte;
sueña en extensos trigales / a favor de los más pobres
y en racimos sazonados / al calor de sus acordes,
pues maneja bien la azada / si la ocasión corresponde.

Una humilde violeta / junto a la Fuente del Cobre
le despierta de sus sueños / cuando acaricia sus brotes.
El agua limpia en la fuente / le sugiere paz enorme
con el eco en lejanía / de la campana en la torre.
Y se enhebran los recuerdos / con el hilo de cien nombres
que cultivaron la tierra / al ritmo de gente noble.

Las cepas por él plantadas / en consonancia de joven
ocupan sus escenarios / con sentimiento y honores.
¡Sembrar en campos floridos, / en grandiosas dimensiones
ha sido siempre su sueño / y el sueño de sus mayores.

Soñando va el peregrino
por veredas y mansiones
donde el corazón descansa
sin agobios ni presiones.
Soñando y cantando vuelve
al hogar de sus amores,
donde acrece el compromiso
al son de viejas canciones.

## Sosiego y esperanza

Eres luz por encima de mi sueño,
sol inmenso que ilustra los parrales,
flor de labios en juego de cristales
y profeta que estimula con empeño.

Eres brisa con tintes de diseño,
en aurora de armonías celestiales,
sosiego y esperanza en los umbrales
donde brindan los humanos pan trigueño.

Quiero ver si armonizo tus amores
en mis campos ungidos con tus huellas
y amasados con mis penas y temores.

Quiero hablarte y que escuches mis querellas
abismado en el silencio de las flores
y cantarte al compás de las estrellas.

## Tensión de espera

Vengo con niebla en los ojos
en busca de Luz y estrellas;
anhelo calma con ellas
y el sosiego de inquietudes.
He de asumir los despojos
de mi cuerpo y albedrío
en constante desafío,
al son de arpa y laúdes.

No es prudente en este tema
esquivar el compromiso
y en espíritu insumiso
"vivir sin pena ni gloria";
pues en la hora postrera
habremos de rendir cuentas;
de lo contrario te enfrentas
a un futuro sin memoria.

Ni es posible un vuelo alto
sin un corazón ferviente
y en actitud penitente
mantener activo el celo.
Condición del ser humano
en esta tierra sombría
es sembrar con energía
los campos, a contrapelo.

## Valle del Silencio

En el Valle del Silencio
con retamas encendidas,
busco un remanso de paz
en las jornadas festivas,
donde descansan los cuerpos
y el alma se tonifica.

Con los sentidos al aire, / la mente en blanco y sin prisas,
se logra saborear / las ofertas transcendidas:
el gorjeo de las aves, / el trajín de las hormigas,
el gazapo asustadizo / cuando trepan las ardillas,
el aroma del tomillo / y el encanto de las lilas;
olor a hierba mojada / en azules de llovizna;
la quietud en la arboleda, / las flores con su mantilla,
el requiebro de la alondra / en su nido recogida
y el frescor del agua clara / de inocencia revestida...
¡Inmensa y blanca belleza!, / en detalles que fascinan.

El descanso es integral...
y el deleite de la vida
con el cuerpo remansado,
el alma en paz -bendecida-,
se esponja y eleva, sueña,
en la quietud más precisa,
para dejarse mecer,
como lo hacen las espigas,
por el viento y los sonidos
que las crece y las anima
con natural sencillez
y la más cálida brisa.

A la sombra de un nogal,
que es sombra favorecida,
los sentidos se expansionan
y el espíritu, en gavilla,
alcanzan la plenitud
y, a la postre, resucitan.

Como terapia valiosa
-en esta 'tierra maldita'-,
es bueno buscar remanso
en jornadas repetidas;
y en el Valle del Silencio,
donde el poeta se inspira,
repostar el alma en luz
y llenarla de armonía.

# 4

## CONVIVENCIA

### *El hombre es un ser sociable*

(Cicerón)

## Acrisolada tensión

No todo atleta merece
con laurel ser coronado,
si en rigor no se ha entrenado
y pronto se desvanece.

El cuerpo se robustece
y el corazón se ilumina
con voluntad de alta estima
y el señuelo de la gloria;
no se alcanza la victoria
sin firmeza y disciplina.

El ser humano en la vida,
si quiere alzarse a niveles
de prestigiosos laureles
en consonancia debida...
ha de asumir la partida
con paciencia y entereza,
lucidez y gran destreza;
una firme decisión,
acrisolada tensión
y constancia en fortaleza.

## Alégrate y respira

Respira la primavera
en el frío del invierno.
Cuando cede la tormenta
el sol apunta de nuevo.
Alégrate.
Se ilumina la consciencia
con las flores del almendro
y el corazón se habilita
con quietud en el silencio.
Alégrate.

Las estrellas embellecen la besana
y es el niño quien sonríe sin recelo;
el niño -coraje, alegría y ensueño-
ilumina esta vida en esperanza.
Los poetas de mi tierra
escriben hermosos versos
inspirados en la mágica alborada.
Alégrate.

Se columpian los laureles
historiados por el viento
y los sabios y juglares
clarifican el proceso.
Hierve la sangre en mis venas
con romances de embeleso.
El dolor no se recicla
con el devenir del tiempo,
sino con fuerza tenaz
que glorifica el misterio.
Respira y alégrate, corazón,
asentado en la luz de tu barro y tu cristal.
El perfil de la armonía
es la vida en libertad.

## Amar y sentirse amado

La joven camina airosa
cada mañana temprano
a la Fuente de la Virgen
con el cántaro en la mano.
Al pasar ante la Ermita
-en gesto muy bien pensado-,
se adentra en el interior
y esclarece el desamparo
que siente en el corazón
cuando sueña con halagos...

- Tú sabes de soledades, / de mis noches sin abrazos;
no es descubrirte secretos / si te digo con recato
que en esta cuestión de amores / necesito tus cuidados
y que alumbres sensaciones / con tu bendición de amparo.
Al tomar agua en la fuente / se le acerca un mozo honrado
y despliega sus vivencias / en palabras de su agrado:

- He seguido con esmero / tus inquietudes y pasos.
Yo también pido a la Virgen / "amar y sentirme amado".
Si te parece oportuno,
en el ámbito sagrado
fortalecemos el alma
y el corazón; y cruzamos
nuestras miradas sensibles
en el dintel; nos miramos
y, si la Virgen sonríe,...
con sencillez entonamos
canciones de mutuo acuerdo:
por la fe que profesamos
ante ti, Virgen María,
"fundimos en un abrazo"
las vibraciones profundas
que proceden de lo alto.

## Ante el sufrimiento

A las personas que sufren

Hay momentos de duda y paz perdida
cuando el viento arremete con locura
y el dolor se levanta en su impostura
al punto en que el alma queda herida.

Para airosos salir en la partida
habrá que refugiarse en la Ternura,
tensar las cuerdas flojas con hondura
y abrir caminos nuevos en la vida.

Nunca el sufrir tendrá que acobardarte
aunque brame tu espíritu en la brega
pues tienes a tu alcance a qué agarrarte.

Visión de fe profunda en la refriega,
abrir el corazón y no ablandarte.
La palma espiritual... no se te niega.

## Ante una grave dolencia

Ante una grave dolencia,
da un paso más en la vida;
ponte siempre en lo peor
para saber combatirla.

No vale agitar los nervios
y abandonar la partida;
toma más bien tus talentos
con mano firme y precisa
y despliega tus arrestos
para atender a la herida.

Sé que no valen consejas
en este tiempo de grima;
admite una sugerencia,
al menos no la reprimas:
hazte cargo del momento
aunque te cueste fatiga;
y cuando notes el alma
ante el dolor oprimida,
restaura la compostura,
mira a lo alto y respira;
el clamor de las estrellas
-por los cielos peregrinas-
traen mensajes de calma
con el vigor que ilumina.
Toma una dosis de fuerza,
la que tú más necesitas
para volver al camino
donde te ha puesto la vida.
.Ante una grave dolencia
da un paso más en la vida.

## **Asumo la vida**

Nos conocimos jugando con la brisa.
Niña feliz, virginal en fantasía,
con tu canto en gozosa romería
regalabas en guirnaldas la sonrisa.

Nuestro tiempo ha transcurrido tan deprisa
que al mirarnos hoy sin vana poesía
las dos vidas se estremecen, y a porfía
nos absorben sensaciones imprecisas.

Venía buscando en silencio y sin llanto
reposo de alma, quietud y sosiego;
regazo, sonrisas, aliento en tu encanto...

Asumo la vida sin grave quebranto;
te miro, alivio las quejas... y despliego
recuerdos de infancia con flor de amaranto.

# Brindis en el encuentro

¿Reconoces no ser sabio,
ni creador, ni profeta,
y por ello te retienes
de un compromiso de entrega?
"Sólo de niño -me dices-
hacías sobre la arena
castillos de fantasía
y estirabas bien las cuerdas
en mis juegos infantiles
-cuestión de maña y destreza-,
para elevar a las nubes
el color de las cometas".

Sugiero que no te rindas / y recobres tu grandeza.
Mira tus manos vacías: / has de llenarlas de perlas;
con un puñado de barro / puedes crear cosas bellas,
como una copa encendida / con trigo blanco en promesas
y ofrecérsela a tu hermano / que siempre estará a la espera
de un brindis en el encuentro / para un ambiente de fiesta.

Todos somos artesanos
con arcilla mensajera
para armonizar afectos
y alentar la convivencia.
Corazón que no se rinde
al juego de pandereta
tiene a su alcance los brazos
para poner en escena
un ramo de flores blancas
que exprese en forma directa
interés por el que sufre,
peregrino en esta tierra.
Con barro, cocido en gracia,
puedes recrear estrellas.

## Cada día su afán

Para cada día un canto
como dos enamorados...
un proyecto,
un afán, una utopía
y un profeta,
con espigas y racimos en sus manos.
Para cada día un verso.
Corazón siempre abierto...
un romance, un sueño,
una plegaria
y un anuncio de progreso.

Para cada día una esperanza.
La sonrisa anida en el alma...
un encuentro,
un misterio desvelado en las ofrendas
y un artista del humor
con su fórmula de aliento.
Para cada día un sentimiento.
Latidos del corazón...
un regazo de evangelio,
un gesto de paz y ternura
y un abrazo
amasado y ofrecido en el silencio.

# Canción blanca

¡Que nieva, que nieva!, gritan
los niños de mi lugar;
saltando vienen,
jugando están;
danzan y ríen,
sueñan...
los niños de mi ciudad.
Con regocijo de estrellas
cantan a la nube blanca
en un mundo de luces y princesas,
con duendes revoltosos
escondidos en la arena.
¡Que nieva, que nieva!,
algazara en la pradera.
(Los jóvenes pelean sin reparo),
los pájaros no vuelan,
ya no hay flores en el campo
ni deberes en la escuela.
¡Que nieva, que nieva!,
soñemos,
la vida nos alienta.
(Tiritan de frío los ancianos,
los mayores se mantienen en escena).
¡Que nieva, que nieva!
La nieve tiende su manto
con su blancura en esencia...
Y los niños, ¡ay! los niños,
en su jovial inocencia,...
'canta que te canta',
sueña que te sueña
en la tarde blanca.
¡Que nieva, que nieva!,
la paz sobre la tierra.

## Cantar 'a fondo perdido'

"Lo nuestro, hermano, es cantar",
me dijeron con cariño
y las voces bien templadas
cuatro ancianos y tres niños.

Cantar a la luna grande / con el corazón florido
y a las estrellas gigantes / que se hacen eco contigo
de lo que es tener amores, / como los tiene el racimo
con la cepa y el sarmiento, / el mosto y los buenos vinos,
o la espiga de los campos / sin perderse en el molino.

Cantar a todos los vientos
con alma de peregrino
sin ceder a las presiones
por lo duro del camino.

Cantar a la vida misma
al son de buen estribillo:
así se anuncia la aurora
y el agua mansa de río;
las amapolas del campo,
la calandria en su nido;
el labriego en la besana,
en la pradera los lirios...
con resortes de silencio,
y estambres de nuevo estilo.

Lo nuestro, hermano, es cantar,
como pronuncia el Amigo;
sin repliegues en el alma...
cantar 'a fondo perdido'.

# Claveles en el alma

Si en el parque cultivas margaritas
por razones de estricta convivencia
y te gozas con aura de presencia
entre amigos en zonas que transitas...

Haces bien al pensar que necesitas
claveles en el alma en consecuencia:
un timbre de bondad sin resistencia
y arraigo en el amor que tú acreditas.

Al que viene huyendo de una guerra
y acaricia un resquicio de esperanza
no le des fantasías de la tierra.

El que arriesga su vida en la patera
cobijo cordial quiere, y confianza,
sol de justicia y densa primavera.

## Como los lirios del campo

Cuando pienso en esta 'suerte
de sainete despiadado'
que me imponen desde fuera
al ritmo de calendario...
despierto mi voz y grito
con sosiego y sin quebranto:
no admito más decisiones
que rompan mi mejor canto.
La libertad no se rinde
a un pensamiento varado.

Quiero crecer en colores / como los lirios del campo
y avistar bellas auroras / con despliegue de amaranto,
que ilumine en esta tierra / libertades de alto rango.
La vida, al son que me imponen, / no tiene el perfil humano.
Mi conciencia no se aviene / al 'consejo de los sabios'.

El hombre alcanza sentido / y esclarece sus encantos
cuando el conjunto de fuerzas / del reino de los abrazos
florece sin ansiedades / y se alimenta en los salmos.
La libertad, por bandera; / la expresión como reclamo
y el anuncio de la gracia / en Jesús Resucitado.
La vida otorga laureles / -según está registrado-
al hombre que se pronuncia, / en la calle o en el Senado,
con libertad clara y limpia, / como los lirios del campo
cuando el rocío de aurora / fortalece con su manto
la sensación más sublime / con refrendo solidario.

Podrán someter el cuerpo
a distintos escenarios;
pero el alma -¡en libertad!-,
mantendrá su afán sagrado.

## Corazón cireneo

No esperes ser de Cirene
para hacer de cireneo;
en cualquier parte del mundo
puedes ser un hombre bueno.

¡Cuántas cruces en espera! / Sufridores sin resuello,
marginados, aturdidos, / sin recursos ni consuelo,
agobiados por olvido, / sin canales de progreso,
injuriados, malheridos, / perseguidos por su credo,
por caminos tortuosos, / miles de niños hambrientos...

Necesitan un 'milagro'
para afirmar sus derechos;
una institución de amparo,
tu voz, tus manos, tu aliento
y abrirles a la esperanza
que nunca jamás perdieron;
requieren luz y alegría,
tus acciones y tus sueños.

Quien no soporta sus cruces
por sobrecarga de peso,
para llegar a la cumbre
que decanta el sufrimiento,
es obligado admitir
-en sencillo pensamiento-
que requiere fuertes brazos,
una mirada, un proyecto,
un bautismo de alabanza
y un corazón cireneo.

## Coronavirus 14320

Declaración de 'estado de alerta'

Levanto la voz en grito,
una antorcha de protesta;
es un grito desgarrado,
ante la ingente pandemia.

¿Dónde se apoya el creyente / cuando el virus se despliega
en sectores de 'alto riesgo' / y en forma tan virulenta?
Medidas de contención: / aislamiento con prudencia,
serenidad, buen sentido, / higiene, mente despierta
y otras fórmulas de gracia / para evitar que el mal crezca.

Me resulta insuficiente / y presento -con modestia-,
otra expresión más acorde, / al hilo de las estrellas.
A lo largo de la Historia / y ante graves epidemias:
falta de luz en los campos, / momentos de 'peste negra'...
quienes mantienen activa / la fe de antiguos Profetas,
acuden con esperanza / y fervorosa insistencia
a las "Fuentes de Agua Viva" / y al sentir de Providencia
con cautelas florecidas / y oración clara y sincera.

"Amo al Señor porque escucha"
plegarias de 'gente buena'
en libertad y armonía,
con lucidez de conciencia.

Se me ocurre que es debido / explayar nuestras creencias
y pedir a Dios la gracia / confiando en su clemencia.
"¿Te envuelven redes de muerte" / con pavorosa tristeza?
No pierdas la compostura; / recobra la calma; piensa.
"El nombre de Dios es grande" / y su bondad sigue alerta.
Sin rebeldía en el alma
espanta dudas... y reza.

## Cuando amanece

Creo en la aurora,
luz esplendente;
busco la brisa
cuando amanece.

Canto a la lluvia / mansa de nieve;
juzgo los campos / que reverdecen.

Miro al espejo / de clara fuente
y al agua dulce / que me protege.

Tenso los vientos / de vida en ciernes
para el futuro / que me ennoblece.

Creo en el hombre, / barro caliente;
y amo la vida / de hoja perenne.

Bailo al poeta / que rima y crece
y a su mirada / que no envejece.

Danzo a la madre
que al niño mece
entre dos sueños
de ramos verdes.

Salto de gozo / cual se merece,
ante el sepulcro / de azul celeste.

Alzo mi copa
de vino alegre,
para el amigo
cuando amanece.

# Cuando se escriba la historia

Pandemia del coronavirus

Cuando se escriba la historia
de esta horrorosa pandemia
nos hablarán de que el hombre
quedó sumido en vergüenza,
expuesto a las siete plagas,
despojado de defensas,
y atrapado entre paredes,
sin más posible indulgencia
que fiarse de los hombres
o invocar a las estrellas.

Cuando se escriba la historia... / pienso que se tendrá en cuenta
a las almas de clausura / -siempre para Dios dispuestas-
que en silencio sacrosanto / y en soberana respuesta,
anidan sus esperanzas / en la invocación sincera
a Dios, grande y poderoso, / con salmos y penitencias.

Cuando se escriba la historia / de esta brutal epidemia...
-alguien lo hará de rodillas-, / con respeto y reverencia
a quienes nunca perdieron / el signo de sus creencias
y se ocuparon del cuerpo / sin perder jamás la estela
de la verdad más sublime: / Dios -que es grande en clemencia-,
tiene a los hombres 'tatuados' / con rasgos de consistencia
en su corazón y brazos / con lujo de amor y entrega.

Cuando se escriba la historia
en sus diversas facetas
habrá laureles de gloria
para modernos profetas
que rubricaron sus versos
con el rocío de estrellas.

# Cuando sufrimos desdichas

Cuando sufrimos desdichas
no es bueno acudir al llanto.

El malestar que sentimos / -la desazón y el quebranto-
ante una grave noticia / que remueve nuestro campo...
nos aturde y nos bloquea / si la mente no paramos
en silencio reflexivo / con la mirada en lo alto.

Es más prudente y juicioso / fijarse en el cielo claro
y deleitar la mirada, / como se busca el remanso,
en los azules y verdes / -en despliegue soberano-,
y abrirnos a la esperanza / en primavera de salmos.

Si el corazón se remansa / y la mente despejamos
con la audacia del almendro / que cubre de luz los prados...
podemos estar seguros / de unos buenos resultados,
porque el sentido de fiesta / promueve también el canto.

Cuando sufrimos desdichas
no es bueno acudir al llanto.
Es preferible en la vida
no perder el entusiasmo
y apaciguar inquietudes
en silencio sacrosanto,
ofreciendo a las estrellas
-en un movimiento blanco-
un corazón encendido
en el ámbito sagrado.

Cuando sufrimos desdichas
no es bueno acudir al llanto.

## Decisiones audaces

Campañas de guerra y muerte,
enfermedad imprevista,
injusto despido y farsa,
dolor de fuego en la pista...

En momentos escabrosos,
que en la vida te fustigan,
has de tomar decisiones
audaces y bien curtidas,
con el corazón despierto
y en misión esclarecida,
al amparo de alta gracia
y en el alma una sonrisa.

Una tienda de profetas
con voluntad compartida
y en el desierto de fuego
la esperanza presentida
con alivio de inquietudes,
hasta que nazca la espiga
bajo el silencio de nieve
y en el alma una sonrisa.

Advierto el eco vibrante
en llamarada encendida;
una voz firme y rotunda
que me apremia y solicita
audacia en las decisiones,
claridad fortalecida
y una voluntad radiante
adornada de agua viva
hasta acreditar razones
en visión demostrativa.

## Desnudo en soledad

Como flores del campo en primavera
sacudidas por vientos y huracanes,
así el hombre se encuentra en sus afanes
con el virus que invade y desespera.

Desnudo en soledad y sin solera
no encuentra solución en los guardianes
del orden -que se pierden en desmanes-,
sumidos en discursos de otra esfera.

Me duele en este trance el desconsuelo
que observo en la postura de mi gente.
En plan de novedad -mirando al cielo-,

sugiero una respuesta inteligente
abrirnos en plegarias de alto vuelo
con refrendo de un alma penitente.

## Despliegue de esperanza

Si no canta la alondra en la besana,
ni el cuclillo, del río en la ribera,
no pienses que el fulgor de primavera
depende de su arrullo y su membrana.

Si las madres no entonan ya una nana,
ni los niños sonríen a tu vera,
no olvides desplegar otra bandera:
la salmodia del monje en la mañana.

El hombre que se precia de su canto
y guarda con pasión su 'semejanza'
no se aturde ante un cierto desencanto.

Eleva el corazón en confianza
al ámbito feliz y sacrosanto
y vive sumergido en la esperanza.

# Donde no alcanza la ciencia

Ante la pandemia del coronavirus

En las páginas escritas
he leído diez poemas:
buscaba paz para el alma
ante el virus, que no cesa
de amenazar a los hombres
y fastidiarnos la fiesta.

Los escritos aludidos, / de diez autores poetas,
aparte de no entenderlos / por la dispersión de ideas,
es que no he visto en ninguno / soluciones verdaderas.
Nos sentimos afectados / por esta grave pandemia
todos los seres humanos / y no encuentro referencias
al sentido religioso / que ilumina nuestra esfera
más allá de los remedios / provenientes de la ciencia...

¿Es de ingenuos preguntarse, / ante la ingente epidemia,
si no es más inteligente / el recurso a otras recetas?

El Sol de nuevas auroras
que ilustra la primavera
entra con fuerza esplendente
en los cuerpos y almas buenas
que se abren a nuevos campos
donde no alcanza la ciencia.

¡Dios resplandece en los hombres
que admiten su fiel presencia!

# El abuelo

Se fue gastando despacio,
como enfloran los almendros,
sin apenas advertirlo...
entre el rigor del invierno.

Con su elegancia y sonrisa, / los regalos y sus cuentos,
sus caricias y atenciones... / y en toda ocasión dispuesto
al disfrute de la vida / y la pasión por sus nietos...
¡Apenas nos dimos cuenta / del desgaste del abuelo!

Hasta que un día en la tarde / *se desvaneció su cuerpo*,
mientras el alma acudía / entre acordes de misterio,
presta a presentar la ofrenda / de sus afanes diversos,
sus refinadas canciones / y venerables silencios,
con su lámpara encendida / en los mejores veneros.
¡Sin apenas advertirlo... / se desvaneció su cuerpo!

Quienes vimos su sonrisa / y en sus ojos *dos luceros*
descansamos de congojas, / tensiones y a veces miedos...
sabemos bien que su alma / *(con todo su sentimiento)*
queda prendida en nosotros / como la cepa al sarmiento.

El recurso en este trance / al llanto con desconcierto
es una marca imprecisa / que ya no afecta al **abuelo**.
Lo que él mismo transmitía / con sus manos y sus besos
es que apuremos la vida / en su sagrado recuerdo.

*Cuando el sol se desvanece* / tras un recorrido intenso,
los colores del ocaso / no pierden su ministerio:
preparan nuevas auroras / que iluminan el sendero
a quienes en esta tierra / siguen cultivando anhelos,
con una esperanza limpia / en un corazón inquieto.

## **El grano de trigo muere**

Muerte de un compañero de escuela

Diez años no más tendría
cuando un amigo de escuela
-pura inquietud en el canto-,
se enfermara y se nos fuera
camino de los cipreses
sin reparar en la senda.

Por voluntad de los padres,
claro ejemplo de entereza...
cuatro niños de su edad
llevaríamos a cuestas
el cuerpo del 'angelito'
en caja blanca y de fiesta.

A la hora concertada / y con puntual asistencia
los asignados al caso / -con alma limpia y serena-,
acompañamos al niño / de su casa hasta la iglesia.
Por designios misteriosos / y no casual coincidencia
la comitiva de 'Pascua' / pararía en las escuelas,
donde se curten las mentes / y el corazón se despliega.
Emotiva ceremonia,
con sensaciones diversas:
olor intenso a romero
de los campos de mi tierra,
fervor de cristianos recios
que saben de cruz y rezan...

Los que llevamos las andas / en forma grave y austera,
camino del camposanto / sentimos su pronta ausencia...
y el resto de compañeros, / soñando con su silueta,
un rosario de caricias / y el rescoldo de una hoguera.

Los rostros de los mayores / -curtidos en dura brega-,
parecían tener calma / y una actitud de leyenda
para que todos nosotros / aliviáramos la pena
y entonáramos la vida / al albur de los profetas.

"También los niños se mueren
en circunstancias siniestras,
mas no por ello los fuertes,
señores de nuestra esfera,
suspenden en el invierno
los trabajos de la siembra,
porque todos son conscientes
-a la luz de las estrellas-,
que el grano de trigo muere
en pro de nueva cosecha".

## 'El pan de cada día'

Es nuestro pan, "el pan de cada día",
reflejo de inquietudes y faenas;
pan limpio cultivado entre azucenas,
por recio agricultor en compañía.

Pan sabroso de espiga en armonía,
adorno y privilegio en las escenas
familiares, alivio de las penas
y lazo de amistad por empatía.

"El pan de cada día" es necesario
compartirlo en las mesas sin manteles,
cernido en el mensaje del sagrario.

Es así como "el pan de cada día"
alcanza una aureola de claveles
para el ángel que sueña en la utopía.

## El perfil de los poetas

Me conmueve el dolor de los poetas
cuando explayan sus almas a porfía
y respiran cruel melancolía
al tildarlos de ilusos y veletas.

No claudican al juego de caretas
y prefieren cantar con armonía,
inscribirse al sector de la utopía
y aplaudir lealtades de profetas.

Exponer con el verso la Belleza
y ensalzar la ternura en los ancianos
es un arte de luces y destreza.

Con desvelo y misterio entre sus manos,
si las musas asisten con presteza
tendremos poesía los humanos.

## El vigor de una estrella

Covid-19

Al surgir el sol naciente
con brisa de primavera
he saltado yo a la calle
rompiendo la *cuarentena*.

Y he visto los hospitales
repletos de gente enferma
y a sus ángeles custodios
-*los doctores y enfermeras*-
con señales de cansancio

y abrumados de tristeza.
Se me ocurre convocaros,
gente de bien y poetas,
artistas y mensajeros
de la Paz y la Belleza,
más que nunca en este trance
de sufrimiento y de pena.

*¡Necesitamos aliento!* / para las almas inquietas.
Levantad vuestros mensajes, / desplegad vuestras banderas;
sacadlos a las ventanas, / que todo el mundo los vea
y pregonad en el aire / lo que en las almas florezca:
Ternura con esperanza, / sentimiento de quien reza,
optimismo, buen sentido, / voluntad de resistencia...
y que el viento lo divulgue / con fragancia violeta,
*como resorte "arco iris"* / entre sombras y tinieblas.

A quienes cuidan del cuerpo,
regalad a manos llenas
las claves que os acompañan
en vuestro cielo sin nieblas.
Quedáis todos convocados
para salvar a esta tierra.
Todas aquellas personas
solidarias en ideas
y entregadas al servicio
como el corazón se entrega,
reciban en buena hora
nuestra mirada y emblema:
el cariño más rotundo
de gente sana y sincera.

No encerréis vuestros talentos / entre paredes y puertas;
si el cuerpo tiene alambradas, / el espíritu las quiebra;
lanzad a los cuatro vientos / un despliegue de azucenas;
sorprended al oprimido / con **el vigor de una estrella**.

## Emigrantes

El rumor es viejo en las ondas hercianas,
aunque las redes modernas
lo presenten de colores
y difundan en romance de sirenas.
El emigrante, cautivo del "pan de cada día",
no tiene una tienda asentada en su tierra
con 'vientos' seguros;
sí tiene escalas en su afán de riberas.
Vienen y van, sin fijar anclas,
llegan...
y pasan, sin apenas disfrutar de paisajes,
de puntillas sobre el agua de siembra,
sin hacer ruido en las almas;
caminan y sueñan.
Emigrar es estrenar a diario
nuevas rutas y veredas
sin un claro mesón de acogida...
amasando inquietudes y penas,
aireando ansiedades,
recreando auroras tenaces
con enorme sentido de fiesta.
En el cielo sin nubes
siguen jugando los niños con sus enormes cometas;
giran y giran, cada una con su verso,
inquietas,
ajenas al dolor de quien en vida
no tiene a su alcance más que una senda.
Los poetas anuncian sueños de paz.
Canta el ruiseñor en la alameda
y el pastor afina la flauta en su cabaña
simplemente por tendencia.
El emigrante alza el hatillo,
aprieta los puños en gesto de protesta
y ensaya una sonrisa 'rumbo a la esperanza'...
contando miles y miles de estrellas.

## En alas de amores

Muerte de Águeda Bajo Rincón.

Dos ancianos venerables
marcados por la fatiga,
todos los años sin falta
renuevan unas semillas
como ofrenda de amor puro
que glorifique su vida;
y en el día registrado,
según voluntad divina,
escogen de su jardín
claveles y margaritas.

Ya han logrado lo que buscan: / una corona; se miran
y en un profundo silencio / comparten dolor; palpitan;...
muestran aspecto sereno, / nostalgia en sus dos pupilas,
dos corazones ardientes / y el alma por Dios ungida.

¿A dónde dirigen los pasos
en horas de amanecida?
Al campo de los cipreses
donde descansa su hija.
"Se durmió en alas de amores
siendo apenas una niña,
con sus labios escarlata
y luz de clara sonrisa".

Al llegar al "campo santo"
los ancianos se aproximan
con reverente quietud
-almas en la cruz curtidas-...
y sobre losa de mármol
la corona depositan.
Intercambian sus miradas
con sagrada melodía
y en movimiento de fuego,
por ternura compartida,

protegen al corazón
del llanto de la ceniza
y ofrecen a las estrellas,
con visión esclarecida,
su fervorosa plegaria
en concordia y armonía...

"Se durmió en alas de amores,
siendo apenas una niña;
cariño en yunque de oro
y en sus ojos chiribitas;
dejando para nosotros
abiertas las siete heridas".

# En el alma de los fuertes

        Con el aliento y la brisa
        de una nueva singladura
        apremian voces y sueños
        en campos de recia cuna.
        En el alma de los fuertes
        hay "estrellas, sol y luna".

Camina -joven- y canta / tus inquietudes profundas,
con bordón de peregrino / y presagios de ternura.
No vas solo en tu proyecto / como simple criatura;
te acompañan con sonrisas / otros profetas que anuncian
compartir en las jornadas / su inquietud de levadura
y esquemas de pensamiento / como aliento en noche oscura.
        En el alma de los fuertes
        hay "estrellas, sol y luna".

Camina por sendas nuevas / y la mira en las alturas,
que en la cima de las cumbres / solo descansa y perdura
lo que en el valle se siembra / con decisión blanca y pura.
"La mano del que agavilla" / los trigos de la llanura
presta su gloria y su gracia / a todo aquel que se apura
y mantiene resistencia / con esperanza y frescura.
        En el alma de los fuertes
        hay "estrellas sol y luna".

## ¡En marcha!

Despierta, joven, despierta.
¡En marcha!, joven rebelde,
con la mirada en lo alto
y luceros en la frente.

Despierta a la vida, lucha;
toma aliento, sé valiente.
En la batalla del alma
sólo quien resiste vence.
Orden, ritmo, disciplina,
claro ideal, tensión fuerte
-como el artista de circo-;
donaire en tus gestos, temple,
sin que el aplauso animoso
te confunda y desconcierte.

Arriesga bondad al alza;
los talentos que tú tienes
no han de quedar relegados
como diamantes que duermen
en vitrinas de museo.
¡Despierta a la vida y crece!

"Canta y camina" sin pausa
con previsión trascendente,
mecido en clara y profunda
visión de luces de Oriente.
¡Suelta, viril, tus amarras!
¡En marcha!, joven valiente.

# Encuentro en el parque

Me adentro de puntillas en el parque de los álamos
y evoco las dunas del silencio.
Hay flores, no hay nidos ni cantos;
sí hay niños risueños y ancianos
que juegan en ámbar en campo de afectos;
todos alegres, serenos, no inquietos,
de luz revestidos,
al son del encuentro.

Presiento las olas del mar
en alas del viento.
En el parque hay un lago;
me miro en su espejo.
La silueta del anciano,
su reflejo,
me sirve de escala
para con fuerza tensar mis proyectos;
se asemeja en el rostro,
apacible y sereno,
al niño que juega feliz
-clara pasión de almendro-,
con los círculos sin lumbre
que prefigura el anciano
en sus nobles pensamientos;
los quiere dibujar en el agua
vagamente, como un gesto...
El niño amasa sonrisas,
mientras el mentor, pensativo en su verso,
suspira... y, en carro de espuma,
recita palabras y enjuga deseos.
Salgo del parque en remanso de alma.
En el azul del agua
se armoniza y congela el silencio.

## Falsas promesas

No intento desvelar falsas promesas
expuestas con espuma de colores,
ni quiero confundir a mis lectores
con frío, sin rescoldo y en pavesas.

Las formas y palabras más espesas
pronunciadas al son de 'hacer favores',
se olvidan en el campo de las flores
con nostalgia de 'cuentos de princesas'.

La verdad es precisa y contundente;
germina en escenarios de la vida
y arraiga con firmeza providente.

La belleza es denuncia esclarecida
con perfiles de pascua transparente
y sentido de gloria presentida.

# Fuerte queja en el silencio

A Mons. José Demetrio Jiménez Sánchez-Mariscal

Abro mis ojos al norte
para escribir un poema:
nieve de luz en las cumbres,
sombra de amor en la tierra.

No se me ofrece en 'los Medios', / sino injusticias y penas,
hambre y dolor inclemente / y sinsentido en las guerras.
Variedad en la ofensiva, / emigración a la fuerza,
corrupción y desengaño, / e imposición de barreras.
Ordenanzas caprichosas, / involución violenta,
sedición y desamparo; / olvido e indiferencia...
y en otro orden de cosas, / agresiones manifiestas,
despojo de medios dignos / para evitar la miseria:

- '¡Un trozo de tierra fértil, / con una humilde vivienda
y ajardinarla con mimo / para vivir con decencia!
No es más lo que postulamos: / una sencilla parcela
donde atender a los nuestros; / agua clara y flores bellas.
Tenemos sol a diario; / en los brazos, fortaleza;
ansias de vida en el alma / y alcance de resistencia.
Abro mi alma a la vida, / con criterios y creencias;
razones claras de gracia / y pasión por las estrellas.
¿No son suficiente aval / para vivir en la tierra?'.

\*\*\*

Tengo esperanza en los hombres / a pesar de sus maneras.
Lo que 'los Medios' me ocultan / -la brisa de primavera-
lo encuentro en niveles altos, / sin los muros de frontera.

Abro mis ojos a oriente...
brisa de amor en la tierra.

## Ganar el pan

"Con el sudor de tu frente"
"El que no trabaje, que no coma" (San Pablo, 2 Ts 10).

No quisiera tener que arrepentirme
de haber perdido el tiempo en esta vida
vagando por el mundo y en la huida,
no pensar, sino sólo en evadirme.

La vida se sustenta en algo firme
asumido en conciencia esclarecida
y ocupado con alma bendecida
sin alarde, sin miedo y sin rendirme.

El progreso y belleza de la tierra
no es producto de aurora camuflada
sino esfuerzo constante y compartido.

Entregarme a lograr lo que esto encierra
es fundirse en la fórmula sagrada
y abrir el corazón al buen sentido.

# Generación admirable

Yo recuerdo haber vivido
una infancia irrenunciable
entre juegos y sonrisas
y el cariño de los padres.

Nunca el pan faltó en la mesa; / pan sabroso y venerable,
amasado de esperanza, / ternura y sudores graves;
austeridad imperiosa / tomada con buen talante
y una dosis de humor limpio... / esa fórmula imborrable
que asiste a la gente humilde / como muestra de almas grandes.

No faltaron sufrimientos, / sin llegar nunca al desastre;
la gente 'vieja' en Castilla / no acostumbra acobardarse,
ante el esfuerzo sin tregua / y el sacrificio apremiante
de los mayores y fuertes, / necesario a todo trance
para que "el pan de los pobres" / a todos llegue y alcance.

¿Y qué decir de los juegos
tras el estudio, en las tardes,
al resguardo de la torre,
en la solana y parajes
y la búsqueda de nidos
con espíritu vibrante?

El ejemplo transmitido
de palabra y con su sangre,
merece un aplauso eterno
en un gesto inquebrantable
Generación de posguerra...
¡gente recia y admirable!
Yo recuerdo haber vivido
una infancia insobornable.

# Habrá poesía

Mientras haya en la tierra horizontes
de fuertes colores...
¡Habrá poesía!
Mientras alguien cultive en la huerta una flor...
¡Habrá poesía!
Poesía es evasión y terapia del alma,
cadencia pajaril en la enramada,
plenitudes en tensión
y esplendor de nieve en la montaña.

Mientras haya en el parque una niña
que triunfa con sus ojos...
y un enclave de esperanza en el hogar...
¡Habrá poesía!
Mientras haya hermanamiento de pueblos con sentido de cuna...
y una comunidad de religiosas de clausura
que desplieguen su fervor contemplativo
a favor de los seres humanos más desamparados...
¡Habrá poesía!
Poesía es emoción,
sentimiento y convicción de alborada,
ensoñación de rescoldo a fuego lento
y abrazo potente de luz en la plegaria.

## Hacer memoria ...

Hacer memoria en el alma
de nuestros seres queridos...
es mantener en la vida
la antorcha de "bien nacidos",
encendida con coraje
y en un abrazo fundidos.

Nacer, crecer y morir / es un ciclo compartido
con los seres inferiores / a la condición de 'ungidos'
por la savia creadora / que nos ha fortalecido.

Amar, sufrir y sentir... / con talante agradecido
hasta el grado más sublime / que comparte el 'peregrino'
con la mente despejada / y en su interior desprendido...
es condición de alto grado / reservada a los sencillos,
pacientes y serviciales, / afables y empobrecidos,
dialogantes, indulgentes, / solidarios, comprensivos;
de la paz enamorados / y por ello incomprendidos,
amantes de la justicia, / con alma y corazón limpios...

Es el programa inquietante,
"carta magna" de quien dijo
ser una Luz esplendente,
Vida, Verdad y Camino,
para todo aquel que lucha
por alcanzar su destino.

Hacer memoria en la fecha
con esmerado cariño,
es la grandeza del hombre
creyente y comprometido.

## 'Hasta que duela'

Si te acucia con fuerza algún problema
sin campanas que anuncien un consejo,
sólo cabe el recurso a un buen manejo
de intereses que tengas en el tema.

No me oprimen los versos de un poema,
ni la imagen se rompe en el espejo.
Si la brisa me alienta con gracejo
me adentro en el desierto en paz suprema.

Cuando el hombre fluctúa con cautela
y en su alma la gracia reverdece
consigue el bienestar que el alma anhela.

Me pronuncio a favor de quien se ofrece
a luchar en la vida "hasta que duela"
al soplo de la luz cuando amanece.

## Haz del presente una fiesta

Para el almendro... los fríos
y rigores de la estepa
no le provocan temores
ni le privan de su fuerza.
Lírico, esbelto y desnudo
sueña en color primavera
y en los pájaros cantores
que al runrún de las abejas
harán de la vida un canto
y de su sombra una estela.

Agua turbia y ya pasada
no es solución de molienda.
El molinero avezado
no se incomoda y espera;
sabe mirar a las cumbres
donde brota el agua nueva
y disponer sus embalses,
como todo aquel que siembra
trigo limpio en la besana
y cultiva en flor las cepas.

No hagas cuestión de por vida
de esta horrorosa pandemia;
con nostalgias y lamentos
no se crece ya en la tierra.
Si el 'ramalazo del miedo'
del futuro se apodera,
puede que nunca germine
la semilla más selecta.
No has de temer al Invierno,
haz del presente una fiesta.

# He visto llorar a un hombre

He visto llorar a un hombre
por una escena de muerte,
atribulada su alma,
al divulgarse la suerte
de un anciano venerable,
en desamparo inclemente,
sin alivio, abandonado,
sin remedios recurrentes,
asfixiado por el virus
-según se lee en las redes-
sin que ninguno al morir
le diera un beso en la frente.

¿Dónde están los responsables
de esta torpeza evidente
de no haber previsto a tiempo
las medidas providentes?
Errores en la gestión,
cuando el clamor de la gente
anunciaba ya el peligro
de amenaza a los vivientes.

He visto llorar a un hombre, / defraudado y exigente
de un buen trato a los mayores / que en actitudes valientes
han trabajado la tierra / -'hasta morderse los dientes'-
por levantar a sus hijos / a niveles emergentes
y ahora... ¡se mueren solos!, / sin un gesto complaciente
que abra ventanas al alma / cuando a la luz se despierten.

He visto llorar a un hombre
sensible, piadoso y fuerte,
de carácter solidario
exigiendo tender puentes
en bien de quienes vivieron
-sufridos y resistentes-
por el bien de los demás
y ahora... en forma indecente

permitimos que se mueran
sin que nadie los consuele
con un gesto de cariño
y una mirada indulgente.

¿Dónde están los responsables?
Exigimos se confiesen
culpables... por mentirosos,
ineptos e imprudentes
y asuman -en consecuencia-
la repulsa que merecen.
He visto llorar a un hombre,
sin que pueda contenerse
y llevar entre sus manos
cinco vistosos claveles
para el anciano bendito,
porque según nos parece,
es injusto y 'clama al cielo'
lo que divulgan las redes.

## ¡Horror en la tierra!

Considero un privilegio
de graciosa providencia
no haber sufrido en persona
los horrores de una guerra.
Pero al ver esta mañana
las impactantes escenas
de niños muertos, en brazos
de gente dolida y buena,
no puedo quedar tranquilo
y ahogar mi protesta
en labios de mi garganta;
el corazón se rebela.

¿Cómo observar esa imagen / que los Medios nos presentan
sin que el corazón se rompa / en jirones de clemencia?
¿Qué explicación se me ofrece / para pedir indulgencia
al político de turno / que en estúpida soberbia
se ufana de ser valiente / con sus armas y su fuerza,
y es capaz de profanar / la sonrisa y la inocencia
de una persona que huye / y 'niños muertos de pena'?

¿Qué luces tiene su mente, / qué sangre corre en sus venas
que presume de ordenar, / en pavorosa estrategia,
la destrucción de hospitales,
hogares de paz y escuelas?

¡Una destrucción masiva
'razonada en asamblea',
demuestra apagón de luces
y agravio a la inteligencia!

No merecen el respeto / que ellos mismos desean;
los considero cobardes, / despojados de creencias,
'diplomados' sin figura, / carentes de nobles treguas.
Mi compasión la reservo / para víctimas de guerra,
acosados de barbarie / por personas sin conciencia.

¡Manos blancas e inocentes, / sumergidas en la tierra:
manifiestos de denuncia / como enseñan los profetas;
gente de paz y de bien, / sabios, niños y poetas...
unámonos en un grito, / en conmoción manifiesta
hasta que el hombre cruel, / insensible y de alma negra,
ilumine el corazón / y la mente se esclarezca!
Es de sabios crear paz / y de necios violencia.

Con talento y buen humor,
-como semillas selectas-,
cirio de fe encendido
y el vigor de las estrellas...
se alcanza paz y justicia
y se detiene la guerra.

## Impulsos de vida

Un impulso de vida cada día,
hecho verso de un célebre poeta,
una frase que venga de un asceta
o el rostro de un anciano que sonría...

Ese encanto de niño en alegría,
el beso de ternura sin careta,
o el abrazo y caricias violeta...
son impulsos de limpia fantasía.

Cuando el hombre trabaja con esmero
y le aflige la pena de la ausencia
necesita del 'cariño verdadero'.

No cotizan en bolsa. La experiencia
compulsada que tiene el mensajero
nos lleva a bendecir su trascendencia.

## Instante mágico

Los niños lucen sonrisas
jugando en la plaza vieja
y llenan el aire en voces
al resguardo de la iglesia.

Los almendros ya floridos / en la besana y la huerta
expanden en cien colores / fragancias de forma intensa.
No faltan en el ambiente / -para completar la ofrenda-
jilgueros y ruiseñores / ricos en gracia y belleza;
las margaritas del campo / y chopos de la ribera,
o el monje contemplativo / en el coro y en su celda
aproximan sensaciones / con notable persistencia.

Los ancianos del lugar / olvidan así sus penas
y, si sus cuerpos reposan, / sus almas cantan y sueñan,
entregados al silencio / al trasluz de las estrellas
y olvidando los afanes / de la hermosa madre tierra.

Mientras los hombres caminan
y trabajan sin reservas,
los niños siembran sonrisas
con inquietudes de fiesta.

¿Visión ideal de vida?
Puede que así te parezca.
Mantengo mi pensamiento
-espero que no te ofendas-:
también lo ideal existe
en la mente del poeta.

## La palabra

En el centro de tus sueños
florecieron las palabras
y es posible que en tu vida
-desde tu primera infancia-
te expreses y comuniques,
exhibas lo que tu alma
extrae del pensamiento:
sensaciones de alta gracia.

Con la palabra en tus labios
puedes firmar alianzas.
Alegrías de amor puro,
alientos de luz al alba,
compasión con el que sufre,
canciones que nunca faltan,
intercambio de noticias
y versos como terapia...
y para el hombre ferviente
elevar una plegaria.

Con esta misma influencia / y tu alma destemplada
puedes fumigar veneno / y que suenen las alarmas:
hacer crítica cobarde, / hiriente como la espada,
murmurar, también mentir, / retirar la confianza,
pronunciar condenas graves / y, como espuma de playa,
esconder tus sentimientos / entre fórmulas con trampa.

Palabras de niebla y sombra.
Palabras de luz... ¡palabras!

## La paz, tesoro en activo

Una certeza me asiste
desde que vivo en la tierra,
que la paz de cada uno
-cuando se lucha de veras-,
es un tesoro encendido
que emerge como la siembra.

Sosiego y quietud en calma, / grave reposo sin quiebra;
armonía, luz, concordia, / serenidad en esencia...
son los matices profundos / de la paz que nos afecta.
Nuestro equilibrio en la vida / y esta sensación intensa
no se acomoda a presiones / interiores ni de fuera.

Amor y temple profundo / surgen de la paz interna,
como remanso del agua / tras la fuerte torrentera...
la quietud es de alborada / hasta armonizar la fiesta.

Si la paz es un tesoro
que necesita reserva,
no pierdas nunca de vista
que todo aquel que la ejerza
con sencillez responsable
florecerá en su conciencia.

La paz, tesoro en activo,
tiene su cauce y silueta
en la paloma y el ramo
que porta en gracia y nobleza
y esa sonrisa inefable
que prodigas cuando besas.

## La sonrisa del abuelo

¡Qué atesora el abuelo en su interior
que desprende resplandores de armonía!
Su mirada es pleamar de simpatía
y en su frente todo es gloria y pundonor.

El abuelo se sonríe con primor;
su figura es un canto a la alegría,
se diluye el corazón en melodía,
embeleso de ternura y buen humor.

El tesoro del abuelo es su sonrisa;
es amplia y serena, ¡trasunto de cielo!
Elegancia en su porte... ¿qué más precisa?

Al notarle satisfecho y con calma,
comentaba un poeta ante el abuelo:
"Su sonrisa es la música del alma".

## La sonrisa del payaso

Érase una vez un ángel
que ejercía de payaso.
Brevedad en el mensaje;
con donaire y mucho garbo
regalaba la sonrisa
en los gestos y su encanto.
Día y noche -en todo tiempo-,
con vestimenta de claro
se esmeraba porque todos
rieran por su trabajo.

Tenía una enorme boca / amplificada en sus labios,
pestañas de terciopelo; / en sus ojos, luz en blanco,

cinco estrellas en la frente / con filigranas de sabio
y en la cabeza un sombrero / sobre peluca de asalto.

El atuendo en general,
con tatuajes en los brazos,
los pantalones caídos
y dos barcas por zapatos
suscitaba carcajadas
al más serio de los santos.

Al acercarse los niños / a verle en el escenario,
con sus muecas de bondad, / fortalecida en abrazos,
hacía que sus silencios / sirvieran como un remanso
de quietud y bienestar; / y el corazón, ensanchado,
olvidara unos momentos / el dolor de 'viernes santo'
en que vivimos inmersos / gran parte de los humanos.

Érase una vez un ángel
que ejercía de payaso.
- ¿Cómo haces, payasito,
para secuestrar el llanto?
- Yo no invento la caricia.
Vosotros sois el milagro.

Colorido y fantasía,
formas libres en el canto
y el placer de la sonrisa
que se expande por contagio
no paga impuestos -por hoy-
en aduanas ni mercados.

¡Fuera dudas y congojas,
tristezas y sobresaltos;
que se asome a la ventana
el brillo del entusiasmo!
Que ría la gente buena
-los niños y los ancianos-,
con una sonrisa clara
en el alma y en los labios.

## La verdad es el camino

Es de dominio común
-con refrendo en Las Cantigas-
el peligro que comporta
acogerse a la mentira.

"Pies cortos tiene la dama", / comenta la gente fina.
"Antes se alcanza a quien miente / que al cojo dentro de pista".
Estos refranes del vulgo / y otras fórmulas confirman
el escabroso camino / del recurso a la mentira.

A raíz de los 'conciertos', / compromisos y 'alegrías',
decisiones importantes / que en este tiempo se firman,
no renuncio a fustigar / el carrusel de mentiras
y prescindir del mensaje / de personas compulsivas.

Parece que todo vale
en esta agitada orilla;
para atrincherar favores
y apoltronarse en la silla;
lo que ayer todos oímos
hoy resulta que no obliga.
El criterio se retuerce,
se silencia y justifica,
cuando se marca una meta
y la conciencia se arruina.

Si la cuestión nos afecta
de forma clara y precisa
y cuando abrimos el alma
nos confunden a porfía,
quitamos la confianza,
rompemos cartas y citas
y enterramos relaciones
de una amistad compartida,
al descubrir que un amigo
reincide en la mentira.

¿Cómo poner esperanza
en todo aquel que claudica
ante una actitud 'sagrada',
y en fórmulas corrosivas
expresa su pensamiento
recurriendo a la mentira?

Palabrería en el aire
-pasos inciertos camina-,
quien desprende de su mente
la sinceridad que alivia.

"La verdad es el camino" / como es la paz la armonía.
La mentira es el peligro, / para quien busca la cima.
En relaciones humanas, / la mejor alternativa
es la verdad como emblema, / transparencia y valentía.

"Justicia y Verdad se besan",
si en actitud colectiva
defendemos con pasión
los criterios que iluminan,
sin permitir que la mente
se rinda por cobardía.

# La vida es bella

Sobre una pared ruinosa
que parecía moderna
pude ver hace unos días
esta afirmación certera
en graffiti de colores:
LA VIDA, hermano, ES MUY BELLA.
Alguien que detuvo el paso / y se fijó en la cartela
suspiró con buen talante / y expuso un grave problema:
tengo actualmente mis dudas; / hay momentos de tristeza,
de soledad y de angustia... / y al leer esta sentencia
se me oprime el corazón / y el alma se me rebela;
no puedo cantar al alba / cuando me invaden las penas.

Un anciano venerable, / que tenía el alma llena,
enriqueció a los curiosos / al aportar su experiencia.
Vivo feliz y contento. / Despejada la cabeza
os expongo mi criterio. / Como el rosal de mi huerta,
junto a la flor más hermosa / las espinas se despliegan;
he cultivado las flores / con sencillez y firmeza.
En el arte de vivir / he cuidado estas banderas:
trabajo firme y seguro, / sangre limpia por mis venas,
libertad y disciplina, / moderación en la mesa
con criterios solidarios; / descanso largo y querencia,
un amplio grupo de amigos / como apoyo y convivencia;
sosiego, clara mirada / y un racimo de creencias.

Este ha sido mi objetivo
al caminar por la tierra:
disfrutar a pulmón lleno
-con sentimiento de fiesta-
del encanto placentero
que ofrece naturaleza
y observar conscientemente
el fulgor de las estrellas.

# Lavarse las manos

Ante la pandemia COVID-19

Tanto lavarme las manos
por prevención y limpieza
he quedado en estos días
sin la marca de mis huellas.

¿Será por este detalle
que a quienes por la pandemia
"pasan a mejor vida"
en los Medios no se muestra
nombre, apellidos, imagen...
y sólo se los presenta
como un número nefasto
que engrosa la horrible escena?

Me disgustan estas formas; / no me parecen correctas;
son hermanos quienes mueren / no simplemente una pieza
de dominó u otro juego / sin alguna referencia
a la dignidad del hombre / criatura de primera.

Muere un hombre no una cifra. / Presentamos condolencia,
inquietudes y esperanza / y -por supuesto- clemencia;
dolor hondo en la piedad / que el sentimiento profesa
al notar el desarraigo / de algo nuestro que se quiebra.

No es bueno añadir agravios
cuando tanto nos inquieta
que un ser humano de raza
sin honor desaparezca
y se le entierre con prisas
sin una simple reseña
con sentido agradecido
a su vida y a su siembra.

## Loa grande a la alegría

Estén tus ojos abiertos
y el alma se muestre atenta
para advertir en los hombres
alegrías verdaderas
y extraer el gesto afable,
como liban las abejas.

Toda la gente elegante
que no cuida la 'apariencia',
ni se priva de los gestos
que perfilan sus creencias,
son como limpios espejos
donde en forma manifiesta
sus convicciones profundas
y sensaciones internas
se traducen de continuo
(con claridad y firmeza)
en alegría que el alma
derrama sobre la tierra.

Esta alegría del alma
-sin esperar recompensa-
aflora como el rocío
en tiempo de sementera.
Es una chispa de gracia,
un impulso de sirena,
una caricia indulgente,
una espiga ya en la era,
vino tinto de barrica
sazonado en la bodega
y despliegue fascinante
del fulgor de las estrellas,
como el pan de levadura
compartido en una mesa.

Es la alegría expansiva / de una persona sincera
que cultiva en su interior / en forma clara y serena

la Verdad más absoluta / con admirable fineza:
una fe sencilla y fuerte; / un encuentro, una silueta
resucitada y gloriosa / que, al sentir de los profetas,
se transfigura en el alma / con estambres de pureza.

Como el agua de una fuente
al peregrino refresca,
la Alegría y la Sonrisa
inspiran por pura esencia.

## Los ritmos del saber

Yo no alcanzo a entender a los profetas
que captan el mensaje a la distancia
y sienten el rigor y la importancia
de aquellas inquietudes más secretas.

Si centro el sentimiento en los ascetas
y observo de las flores su fragancia,
sí puedo convenir sin arrogancia
que Dios se me abre en luz de violetas.

Entonces, en despliegue de ideales,
al brillo más sublime en primavera
el alma y los sentidos se expansionan.

Y al hombre, ensimismado en los trigales,
si centra su querer en la ribera
los ritmos del saber se le visionan.

## Marcar grandes niveles

No florece el geranio en la meseta;
necesita atenciones con esmero,
ambiente protegido de vivero,
tierra fuerte cuidada en la maceta.

Si los hombres se marcan una meta
en valores que expone el Mensajero,
se someten a un ritmo pionero,
como lo hace de suyo el buen atleta.

No es posible alcanzar grandes niveles
en ambiente de sombras y fatigas
sin una vida austera, sin laureles.

Ni granan en el campo las espigas
si el trigo no renuncia a sus mieles
y supera presiones enemigas.

## Mientras el mundo dormita...

Mientras el mundo dormita...
ha muerto un niño de hambre,
abrumado por las armas
de un país indeseable
(viento infectado en las nubes,
en las plazas y en las calles),
falto de pan y juguetes
por egoísmo salvaje.

Comprime la violencia
en el campo y los hogares
y el corazón se marchita
sin la quietud de los parques.

Noticia de escalofrío: / "Ha muerto un niño de hambre",
sin registrar en los libros / donde figuran los grandes.
El cielo queda en silencio / suspendido en el paisaje.

Mientras el mundo dormita,
entretenido en los bares...
secuestrada la sonrisa
y el regazo de los padres;
sin fulgor en la mirada
ni que lo evitara nadie,
falto de pan y juguetes...
ha muerto un niño de hambre.

No se ha llevado en el pecho
más que una cruz, que su madre
le marcara al despedirse
con sus lágrimas de sangre.

# 'No hay mal que por bien no venga'

Una vez pasen los días
de dolor y aturdimiento
de esta histórica pandemia
y volvamos al encuentro
de la fiesta de la vida
con fortaleza y sosiego,
al ritmo de castañuelas
que perdimos hace un tiempo...

Nada ha de ser ya lo mismo. / Alguien me grita y presiento
que esta larga cuarentena, / a pesar del desconcierto,
dejará otros buenos frutos / con remanso de silencio
y decisiones de gracia / a la luz del Evangelio.

Si el corazón se ha oprimido / en este largo aislamiento,
saltará de gozo al ver / y abrazar en un concierto
-de inquietud y regocijo / con luces de un cielo nuevo-
a las personas queridas / en un lance de embeleso.

Amigos, padres, hermanos / -sin reprimir el deseo-:
preparad con diligencia / vuestro corazón inquieto,
un buen ramo de claveles, / un fuerte abrazo y un beso
con sentido transparente / y en tono de privilegio.
"No hay mal que por bien no venga". / Si todos somos sinceros,
hemos pasado una crisis / interior a fuego lento
y vencida la epidemia, / superados nuestros miedos...
vuelvo a sentir los aromas / de los lirios y el romero,
el embrujo de los hombres / solidarios cual sarmientos
con la cepa vigorosa / que da floración de almendro:
acción de gracias sentidas / con la fuerza de mi credo
a todas las fuerzas vivas / y a Dios que ha roto el silencio.

## No me cuentes... ¿para qué?

No me cuentes... ¿para qué?
Si no tienes algo noble
que contar y transmitirme
no busques que yo te apoye.
Está de moda barata / en escenarios sin nombre
'comentar vidas ajenas' / y expandir imprecisiones,
como se expande basura / con las más bajas pasiones.

- Se oye, dicen y comentan...
- ¿Quién y cuándo; cómo y dónde?
- Si tú supieras... ¿no sabes?
- ¿Vas a hablarme de valores?
- Quiero sin más informarte...
de algo que no conoces.

- Has de saber que no admito / las noticias de fisgones;
fuegos fatuos, chismorreos, / dudosas acusaciones,
frivolidad en la ofensa, / pufos, tergiversaciones,
anonimatos cobardes, / amoríos sin amores,
consignas a media luz, / propias de gente mediocre.
Los desperdicios mentales / de cerebros sin redoble
'envasados al vacío'... / no merecen mis canciones.

Si no tienes algo limpio, / para escuchar sin reproche,
te lo digo cual lo siento: / ¡No me busques, ni incomodes!
Prefiero el silencio activo / a ese fardo de rumores.
Las papeleras de calle / -sin honrosas excepciones-
admiten esa basura, / pues no exigen precisiones
que suenen bien al oído / y dignifiquen al hombre.

Para humanizar la vida
se quieren otras acciones:
la canción que yo decanto
postula nuevos acordes.

# No me preguntes

No me preguntes, amigo,
por los duendes de esta noche;
más que duendes son luceros
disfrazados de colores,
que despliegan en la sombra,
con entusiasmo de acordes
y luces de fantasía,
el encuentro y los amores
de dos jóvenes inquietos
que a la luz de los faroles
quieren jugar a quererse
como se quieren los hombres.

No me preguntes, amigo,
cuáles sean sus dos nombres;
basta saber que se aman…
¿cómo, por qué, cuándo y dónde?
no viene a cuento saberlo,
pues los sueños de pastores,
el zureo de palomas
y el eco de las canciones
levantan acta en las nubes
del amor de los dos jóvenes,
teniendo a Dios por testigo
en la quietud de la noche.

Ya sabes, mi buen amigo,
cómo se aman los hombres;
con un beso en la mejilla
y un ramillete de flores.

# No se me oculta una lágrima

No se me oculta una lágrima
cuando declina la tarde
(impaciente y en silencio),
y el sol y la luna grande
remueven al fin los sueños
entretejidos de sangre.

Porque es el cuerpo quien llora
con amenaza de edades,
privado de luz y fuerza,
para aguantar en la carne
amarguras y dolores
que punzan en forma grave.

Alma y cuerpo se conjugan
como una barca en los mares,
con el barquero que rema
expuesto a mil avatares
y no encuentra una ensenada
donde el soporte repare
y el alma a su vez consiga
seguridad en el trance.

No se me oculta una lágrima
cuando declina la tarde,
porque es el cuerpo y el alma
unidad inquebrantable,
"huerto sellado" en origen,
con mutuo apoyo en bondades.

## Para crecer en la vida

Para crecer en la vida
con tensión y buena letra
el hombre y mujer adultos
han de retener la escena
y en armonía de luces
recordar con transparencia
al niño que todos fuimos
y mantiene sus propuestas.

Reanimar nuestra infancia / con sus miedos y vivencias...
el niño que fuimos todos, / sus muchos sueños y penas;
analizar emociones / de alegría o de tristeza,
recordar con entusiasmo / el aura de las estrellas
que se incorporan al alma / sin apenas darnos cuenta...

Conviene hacerlo presente / en forma clara y sincera
para que nunca se olvide / al niño, que en su inocencia
justifica a los mayores / con ingenua complacencia.

Que no se amargue tu alma
con turbiedad y problemas.
El niño que tienes dentro
es lo mejor que te queda.

A donde quiera que vayas
-y más si no tienes meta-
puede aclararte el destino
y descubrirte sorpresas.

Para ser una esperanza
no olvides la edad primera.

# Para hacer un buen poema

Si alguna vez intentamos
presentar a los amigos
nuestras mejores ofrendas,
para sembrar el camino
de romero y margaritas
-cual humanos peregrinos-
y explorar el universo
como se cata un buen vino...

Debemos tener presente / rima, medida y sentido,
intuiciones precisas, / un lenguaje selectivo,
serenidad en el alma, / el corazón encendido,
imágenes y figuras, / sentimiento y compromiso.

Armonía en el mensaje,
pensamiento distinguido,
ideas en floración
y -en silencio remecido-
esperar, sedimentar,...
la tensión y contenido;
que llegue la inspiración
en remanso sumergido.

Los tres soportes de lujo
en las aulas recogidos
y -en previsión muy sensata-
con audiencia en el Olimpo,
es necesario al poema:
canción de almendro florido,
sensibilidad al alza
y precisión en el ritmo.

## Poetas de nuestra vida

Poetas de nuestra vida,
rapsodas y romanceros,
peregrinos de mensajes,
profetas del universo...
siempre cantando y mirando,
siempre soñando y riendo.
Vuestro oficio es transparente:
canto joven, canto eterno.
El Cantar de los Cantares
es emblema fiel y espejo.
Cantad, poetas, cantad:
que se entere el mundo entero.

El agua limpia y el sol / fertilizan vuestros versos,
os entiende con primor / la flor de lis y el almendro
y la piedra del camino / agradece vuestro esfuerzo:
por vosotros no es tan dura / y es más amable el sendero.
Nacidos en nuestra tierra / maduráis como el romero,
sumergidos en la historia / con afanes de misterio.
Cantad, poetas, cantad: / sin esperar privilegios.

Nos alientan vuestras rimas; / soñad, vivos y despiertos;
vivid con arte y humor, / pues a fuer de ser sincero,
no cabe mejor tarea / en la tierra y en el cielo
que recrear primaveras, / despertar el sentimiento,
humanizar la tristeza / facilitando el encuentro
y enternecer a los hombres / en soledad y silencio.

Fustigad al inhumano, / con expresiones de fuego.
Alzad la voz y guitarra, / como se alza un manifiesto;
celebrad vuestra sonrisa / y afán de vida y ensueño.
Sembrad claveles de campo, / que tienen el gran secreto
de anunciarse con colores / en sublime ministerio.

Cantad, poetas, cantad:
orfebres del mejor verso.

## Profetas de la luz

Profetas de la luz y la esperanza:
gritad vuestras consignas preferidas,
en 'pórticos de gloria' florecidas,
con soportes que inspiren confianza.

El lodo de la tierra nos alcanza
y enturbia la tensión de nuestras vidas
con embustes que abren más heridas
y rompen convivencia en alianza.

¿Qué postura tomar en este trance?
Es asunto no simple y delicado,
que excede los pilares de un romance.

Si las dudas se han multiplicado,
al punto de temer algún percance,
acude al resplandor de lo sagrado.

## Quería cantar...

Quería cantar a la vida.
No venía a usurpar a nadie
un puñado de tierra en progreso...
y le arrebataron la voz en el mar.
Desde su atalaya,
apercibe el socorrista a los presentes:
"Hay un cadáver en la playa, cubierto por la espuma.
Si le miráis, hacedlo con decoro.
Evitad las miradas curiosas,
indiscretas,
furtivas,
amasadas de indiferencia
y racismo tenebroso...
Es tarde ya para una mirada samaritana
y abrir los brazos compasivos".
Su corazón ha dejado de latir

al encontrarse con el frío del nuestro.
Nadie reclama el cadáver de carne limpia.
El rótulo de urgencia advierte:
"Cuerpo de varón, sin identificar".

¡Qué importa ya su identidad!
¡Es un hombre!
Venía con ansias de cantar a la vida...
Pronto se inician las gestiones de protocolo.
Queda 'discretamente' retirado,
envuelto en una sábana blanca; él es negro.
Y se hace silencio de luz
sumergida en la playa.
La luna llega con modestia anaranjada...
pero esa noche no pasea sus galas en la arena.

Arena limpia y aseada,
agua con eco de sangre ondulada,
espuma... muerte.

Sólo un niño, con el aura de luna llena,
se abre camino
entre los curiosos, de rostro fingido,
se acerca con cautela al "varón sin identidad"
y deposita un beso en la frente
a la vez que entona un canto de resonancia cautiva
y aspira la muerte insondable del mar.
Yo siento que ha muerto parte de mi estrella
en brazos de esa persona de pascua doliente,
y apago la escala musical de la paloma.

El niño se retira acariciando justicia, verdad y paz
para los hombres y mujeres
que buscan la tierra gigante...
llegados a la playa "sin carné de identidad".

Respiro la brisa austera del mar
y, como sigo creyendo en el hombre,
me adorno para rezar...

# Reflexiones a pie de la calle

¡Cuánto tiempo de ilusiones,
de ensueños y fantasías,
de proyectos y alegrías...
se desmorona en tensiones,
sin arrullos y canciones.
Dura lección de la vida
en el duelo sumergida,
que lleva al hombre a la duda
y al despojo de una ayuda,
abriendo una nueva herida.

No hay alivio a corto plazo
ni previsión de futuro;
el panorama es oscuro
sin un beso y un abrazo;
ni se ocurre otro chispazo
que no suene a cerramiento,
coacción de movimiento
y otra gama de inquietudes
que amarga a las multitudes
en este grave momento.

Sorprende ya a estas alturas
que el ser humano -¡tan listo!-
no lo tuviera previsto,
con soluciones maduras
y en eficacia seguras.
El recurso a lo sagrado
que hasta ahora no ha aflorado
ofrece un nuevo horizonte
con sensación de remonte
y un perfil transfigurado.

## **Rendir honores**

Como venidos de Oriente
en brillante paramera,
así he visto yo en la era
la espiga resplandeciente
y el racimo providente.
Canta el labriego su fiesta
con sensación manifiesta,
canciones y melodías
en despliegue de alegrías
y en tonos de seria orquesta.

Y al compás del sentimiento
por las cosas de la tierra
y el misterio que esto encierra
sugiero en este momento
gratitud con dulce acento.
Hemos de rendir honores
por abundantes favores
a quien trajo vida nueva
con despliegue en primavera
de admirables resplandores.

## Romero de siete lunas

Romero de siete lunas:
dibuja caminos nuevos
donde florece la salvia
entre amapolas y espliego
y se cobija la Virgen
en la Ermita del ensueño.
.
En el umbral de la tarde, / cuando el sol está en suspenso,
que no se quiebren tus manos / como se rompe un espejo.
Con los brazos extendidos, / el corazón siempre abierto
y la mente despejada / -mente, corazón y cuerpo-
ha de ser siempre acogida / tu plegaria, mensajero,
en la estancia de las cumbres / donde danzan los luceros.
En tu mochila, agua fresca; / en la mirada, dos fuegos;
y una Imagen que te mira / y fecunda el pensamiento...

¿No has sentido en la mañana
desplegarse con esfuerzo
en tu semblante una brisa
y en tu corazón inquieto
un asombroso deslumbre
con aroma de misterio?
En forma de rosa blanca
agraciada por el cielo
ha nacido en tu alma limpia
una esperanza, un anhelo,
que apaciguará tensiones
y abrirá nuevos acuerdos.

Romero que ves estrellas
mientras perfilas senderos,
ofrécela tus amores
entre espirales de incienso
y en espíritu ferviente
una sonrisa y un beso.

# Sabios con buen criterio

Personas de clara imagen
en la tienda del misterio,
profundos en la mirada
y sabios con buen criterio:
salid en busca del hombre
que se debate con riesgo
entre dudas ancestrales
por falta de entendimiento.

No es posible ver los signos, / ni fácil hacer proyectos
cuando entre sombras gigantes / se obstruyen los argumentos.
Es necesaria una antorcha / que analice varios credos
e ilumine al peregrino / los arcanos más secretos.

De tumbo en tumbo caminan / con sonrojo de escarmiento
la masa informe de gente / -el pueblo sencillo y bueno-
que siente, quiere y no sabe / distinguir lo verdadero
de las falacias de moda / que le ofrecen sin respeto
y acumulan desafíos / según los nuevos modelos.

Personas de clara imagen
con visión y sentimiento,
sembrad el campo de luces
con albores manifiestos
que clarifiquen la vida,
den un sentido a su verso
y abran pautas de justicia
de contenido directo
al que siente, quiere y duda
-por falta de entendimiento-,
distinguir en pista abierta
lo que dicta el buen criterio.

# Ser un sabio, 'saber estar'

"Saber estar" en la vida,
algo tan simple y humano,
es un signo inteligente
de aquel que decimos 'sabio'.
"Saber estar", situarse,
discernir en alto grado,
cuál es el sentir de Dios
en esta tierra de amparo
y cuál el papel del hombre
en cada nuevo escenario,
donde emergen unos signos
suficientemente claros.

Es deseo de aprender, / que en un futuro cercano
no tendremos al alcance / solución en nuestras manos
si no somos precavidos / -como es propio a los sensatos-
y con la antorcha encendida / evitar el descalabro.
"Saber estar", prevenir, / nunca más perder el paso
y en actitudes de alerta / no exponernos al fracaso.
"Ser sabio" en este contexto / no es acumular trabajo;
pues los afanes del mundo / -con efectivo en los bancos-,
en momentos decisivos / no representan descanso,
sino más bien ansiedades / que generan sobresaltos.

Como ya advirtió el poeta
-en referencia al ocaso-
"aquel que se salva sabe"...
y el que no, es un 'extraño'.
No perder la pista nunca,
ni retirarse a los lados;
lo que importa es el encuentro
del hombre con Dios amado.

# Un canto de esperanza

He querido probar en esta tarde
las siete cuerdas finas de guitarra
y veo en el jardín de margaritas
que todas se estremecen desde el alba.

Si observo los impulsos más genuinos
que expande el ruiseñor en la enramada,
puedo ver los matices de su canto
desplegarse con brío en la mañana.

A ejemplo de las aves en su vuelo,
siempre abiertas a un canto de esperanza,
necesito tensar la cuerda frágil
que mantenga mi ser en luces blancas.

Tengo siempre presente en perspectiva
el ámbito y sentido de alta gracia;
no cuestiono que soy un peregrino
por sendas y veredas vaciadas
del sentido profundo de la vida:
recreado por Dios en nueva alianza.

Una vez que disponga los registros
y elimine las voces destempladas,
se puede mantener una armonía
del agrado de Dios en bien del alma.

La inquietud que gorjea en el silencio
y que llena de resortes la escalada
ha de ser una pauta en tu destino
que se adquiera templando bien las arpas.

## Un niño nace en patera

En tiempo de Navidad
un niño nace en patera.
Es la noticia que anuncian
en *'las redes'* con sorpresa.

Así de cruda es la vida,
por más que algunos no entiendan,
para tantos emigrantes,
ultrajados por las guerras
y herida su dignidad
con cruel indiferencia.

Demandan nuevos espacios
donde no haya violencia;
y, en aventura de vida,
en ocasiones,... encuentran
engaño y dolor profundo,
desamparo en la indigencia,
donde buscaban alivio
para mitigar las penas
y disfrutar de la vida
con su trabajo y la fiesta.

En el grupo de mujeres
hay una de tez morena
con la mirada encendida,
un destello de inocencia
y delicada hermosura,
pues ha visto en noche negra
y sentido en sus entrañas
una luz: ¡era su estrella!,
su alegría y su esperanza,
la razón por la que arriesga:
el niño se abrió camino
como semilla de siembra.

Los que comparten penurias
en situación extrema
se sienten favorecidos;
aplauden, cantan... y rezan.
El niño, con su mirada,
su atractivo y su belleza,
es la sonrisa del cielo
para el hombre de la tierra.

No importa saber su nombre,
ni el lugar de procedencia.
Su padre es un emigrante;
y la madre, una extranjera;
quienes le han visto, le dicen
"El Niño de la Patera".

"Un Niño nos ha nacido",
es la noticia que llega
en este tiempo de gracia
procedente de una cueva...
para salir al encuentro
del Niño de la Patera.

## Un río para soñar

Andaba buscando flores
por un paraje de espliego,
tomillo, lis, hierbabuena...
sin resultado en mi empeño.
Retuve el ritmo en remanso,
pesaroso y en silencio,
y alcancé a ver en la tierra
parda y rojiza a un labriego
que me advirtió sin sonrojo:
sigue el rastro del ensueño.

Esta es tierra de poetas / -Bécquer, Machado, Don Diego-,
todos ellos han descrito / y cantado con su verso
este paisaje amarillo / en los chopos de Alto Duero.
Bellas canciones de amor / a quien abre los senderos,
la ilusión del peregrino / y a los monjes en sus rezos.

Y han soñado -¡cómo no!-
con el brillo de los besos.
Personas de grandes luces,
finura y presentimiento,
emoción, sabiduría
y corazones abiertos
a la belleza y encanto
de este paisaje sincero,
de apariencia empobrecida,
entregado en sus adentros
con nobleza de alta alcurnia
en defensa de sus fueros.

En alas de su querencia,
ideas y pensamiento,
cantan al alba y sonríen
sus emociones al viento
en jornadas primorosas,
para que en carro de fuego
las eleven las estrellas
hasta lo alto del cielo.

¡Cuántos poetas han visto
ensimismados, serenos,
con la mirada en el agua,
pensando en rimas y versos;
para que el río en su curso
les llevara en puro vuelo
crecidos, limpios y fieles
hasta el amor de su pecho!

## Un tinto en la mano

"Más vale un tinto en la mano
que una bodega pintada",
dice el refrán de mi tierra
con gallardía en el alma.

Cepa joven bien florida, / los racimos en sus ramas,
experiencia y buen sentido: / ¡vino tinto!, historia larga.
Con aura de siete aromas / y atenciones de oro y plata
las cepas crecen radiantes / al son de las alboradas.
Cuando llega la vendimia / y el cultivo se solaza,
surge la fiesta en el hombre / con sus fibras bien templadas.
¡Vino tinto de bodega: / joven, añejo o crianza!
¡Orgullo de nuestra tierra!, / con su capital, Aranda,
"VILLA EUROPEA DEL VINO" / hace unos días nombrada.

Un vaso de vino tinto / gustado en tertulia larga
regenera los afanes / -como acordes de guitarra-,
por su aroma y "sangre de uva", / según expresión más clara.
Plenitud contemplativa / con refrendo de Alianza.

Brindemos con alborozo
por la paz y en esperanza:
¡un buen vino de Ribera,
al cielo el alma levanta,
tonifica los sentidos
y nos abre a la alabanza!
¡Vino tinto de bodega:
joven, añejo o crianza!

Ya el sabio lo dejó escrito
con carácter de enseñanza:
"más vale un tinto en la mano
que una bodega pintada".

# Un verso en la vida

Busco en los campos un verso
con luces de hierbabuena;
un verso para el romero
en la urdimbre de la tierra.

Registro en la nube un verso
al ritmo de flores bellas;
un verso para el misterio
que se enciende en las estrellas.

Descubro en la brisa un verso
al runrún de las colmenas;
un verso para el silencio
que ejercen las violetas.

Mantengo en la mente un verso
para ensamblar un poema;
un verso para el secreto
que armonice mis querellas.

Inserto en mi vida un verso
con deleite en la belleza;
un verso para el almendro
por su brillo en primavera.

Inscribo en la frente un verso
para todo aquel que espera;
un verso para el recuerdo
del Anuncio y su vivencia.

# Una lágrima

Arrancar una lágrima
del alma limpia de un niño
es dejarle al descampado
sin regazo esclarecido
y triturar ilusiones
en la piedra del molino,
como uva en el lagar
donde exprimen los racimos.

Provocar una lágrima / en el joven sin destino
es profanar la esperanza / y truncar altos caminos.
Encender una lágrima / en los ojos de un anciano
es remover los recuerdos / en aparente desmayo
y depurar emociones / y nostalgias de soslayo.

Confundir una lágrima / con la copla y el silencio
de personas venerables / es no entender el misterio.

\*\*\*

Enjugar una lágrima
en la mente de un poeta
(transfigurada la vista
y el corazón en reserva),
es atraer a los hombres
la musa de las estrellas,
el aroma de los montes,
la inquietud de las sirenas,
el canto del ruiseñor
y el rumor de las abejas.
El aroma de lágrima
define al alma en belleza.

## Utopía en tierra

Al pensar en la utopía
se levanta el pensamiento
al reino de las estrellas
como fragancia de incienso.

¿Cómo es posible aceptar, / sometidos al misterio,
que corazones en flor, / horneados en silencio,
se sujeten a la tierra / sin desplegar su venero?
El ser humano es capaz / de elevar su ministerio
por encima de las nubes / sin abandono del suelo.
Regenerarse y soñar / -¡innovaciones de cielo!-,
aspirar el buen aroma, / confraternizar en vuelo...
es posible en nuestra tierra; / así lo estimo y defiendo.

- ¡Utopía evanescente!
- ¡Ensoñación sin criterio!...
Son reacciones extrañas,
nacidas en campo yerto,
vulnerables al cansancio
y al naufragio de estos tiempos.

Tu corazón es humano, / humano ha de ser tu credo;
sin olvidar que eres brasa / y la llama tiende al cielo.

Con clarines y trompetas
y la fórmula del verso
estamos en condiciones
de iniciar nuevos senderos.
(La atracción de los profetas
y el encanto de hombres buenos
son la columna de apoyo
por calidad de su verbo):

La palabra de acogida,
la atención al indefenso,
la fuerza de la sonrisa,
el servicio como gesto,
revolución en ternura,
la lucha como argumento,
el tesón y la firmeza
en un ideal supremo...

pueden ser pistas de acción
en plenitud de misterio,
hasta alcanzar la utopía
de crear un nuevo cielo
asentado en nueva tierra...
así lo afirmo y expreso
en romance castellano
aunque me tilden de ingenuo.

Es muy posible soñar
y poner todo el empeño
para "más pronto que tarde",
'urgidos por nuevo aliento',
desplegar las energías
en un armonioso encuentro.
¡Utopía ya, en la tierra,
con Amor hasta el extremo!

## Vocación

Cuando busques sosiego en esta vida
para no fracasar en el intento,
además de cuidar el pensamiento
necesitas buscar otra salida.

Absorber la fragancia en flor crecida,
el aura de los campos, firme aliento;
tender hacia lo alto el sentimiento
y explayar con firmeza la partida.

El cuerpo exige tregua en el descanso
según su condición más inmediata,
y afinar los sentidos en remanso.

La franja espiritual de la persona
requiere nueva luz en oro y plata
e insistir aspirando a la corona.

# **Violencia absurda**

Protesta

Amigos del buen querer
que veis en el día estrellas:
Yo no puedo soportar / tanta sangre y violencia
derramada sin sentido / en la humana convivencia.
Si utilizo el pensamiento / y observo con providencia,
la fuente, limpia en origen / -como imagen de apariencia-,
se autoriza por sí misma / al mantener su pureza.
La persona que se precie / de buen criterio en la fiesta
ha de luchar con tesón / y enarbolar la bandera
de la paz en sus mansiones, / con valor de preferencia.

Si el hombre pierde su ritmo / y se atrofia su conciencia
llega a ejercer en la vida / esta función de demencia.
¿Cómo se puede entender / en sana naturaleza,
que la vida del hogar / se rompa con tal frecuencia
y la concordia debida / se degrade en tal manera
que llegue al derramamiento / de sangre propia y ajena?
Según dicta el buen juicio / y denuncian los profetas
"no tiene perdón de Dios" / en el cielo ni en la tierra
destruir al inocente / con actos de rabia extrema
convirtiendo el exterminio / "en testimonios de guerra",
donde el miedo y el horror / se apoderen de la escena.

Niños, ancianos y jóvenes,
que veis en el día estrellas...
no podemos consentir
que se instale en el planeta
la locura de unos pocos,
que utilizan su presencia
para sembrar el terror
sin piedad... ¡como las fieras!

# Voluntad de resistencia

Hay momentos delicados
de imperiosas turbulencias;
y no vale acobardarse
ante amenazas y quiebra
de actitudes contrastadas
que al ser humano sustentan:
se exige mirada limpia
y arraigo de las ideas.
"Sólo quien resiste, vence".
Me apunto a la resistencia.

En un campo de armonía,
de quietud y convivencia
cabe levantar el ancla,
pues no se atisba tormenta;
pero en momentos confusos,
en que se cambian tendencias...
no sirve perder la calma
y rendirse ante la prueba.
"Sólo quien resiste, vence".
Me apunto a la resistencia.

Habrá que tensar amarras
y depurar las creencias,
hasta apaciguar el alma
al albur de las estrellas.
Cuando el corazón se enciende
y el cuerpo se despereza,
no han de inquietarte peligros;
confía, camina y piensa.
"Sólo quien resiste, vence".
Me apunto a la resistencia.

# 5

## ENSOÑACIÓN

### *El misterioso reino de la utopía*

# Acordes de canto joven

Ante el rostro de aquel niño,
'triste y solo' en un rincón,
con sollozos lastimeros
como perlas sin candor,
se acercó un día el amigo
con ternura y convicción...
y su carita y mirada
notablemente cambió.
Estaba necesitando
compañía y comprensión;
una caricia, un halago,
un canto de ruiseñor.

Ante el ejemplo a la vista / recabé en mi mente yo
que el ser humano en la tierra / -sea niño, sea mayor-
necesita alimentarse / en su cuerpo y expresión
con presencias de cariño / y encuentros de comunión:
un abrazo confidente / que le trasmita calor,
una palabra de aliento, / un gesto fuerte de amor
y una sonrisa en los labios / que mitigue su dolor
cuando percibe en su espíritu / el cansancio y desazón.

Privarle en forma directa
de estos mensajes en flor
es asfixiar la esperanza,
truncar sueños e ilusión
y despojar a su alma
de la energía y fulgor,
imprescindible de pleno
para abrir el corazón.

## Al alba primera

Con mofletes escarlata
y una mirada encendida
pregunta grave y mimosa
la joven de cara linda,
a una pareja de ancianos
que conversa en armonía.

- ¿Alguien de ustedes ha visto / al molinero de arriba?;
es a su vez colmenero / y con miel y "flor de harina"
siembra claveles de gloria / que regala cuando mira.

- Le vi al alba primera / recogiendo clavellinas
y otras flores violeta / a la puerta de la ermita.
Seguro que no está lejos; / cuando un corazón palpita
a ritmo de amor intenso / lo que no ve, lo adivina;
observa en paz y silencio; / la respuesta está en la brisa.

\*\*\*

Andan los dos dando vueltas / con vocación peregrina
buscando ambos -inquietos- / un entorno de acogida,
con espíritu sediento / recorriendo la campiña,
cada uno ensimismado / en tejer una sonrisa
con intercambio de aurora / y alcanzar una caricia
que satisfaga sus ansias / de felicidad cumplida.

Actuar así no es locura:
es vivencia positiva.
"Amar y sentirse amado"…
toda persona precisa,
hasta iluminar el alma
por experiencia sentida
y ensanchar el corazón
como se esponja la espiga.

# Al calor de las estrellas

Desescalada grado 3.

Entre pasos indecisos
y acentos de primavera
vamos saliendo de casa,
olvidando cuarentenas.

Es posible un nuevo encuentro / después de tan larga espera
con el amigo de infancia / y el familiar que está cerca.
Porque el sol mantiene el ritmo / con rayos de luz intensa
y en lo alto de las nubes, / donde el agua se concentra,
florecen latidos nuevos / con savia firme y serena
para todo aquel viviente / que al grito de la experiencia
abra sus sueños y cante / los ecos de Galilea.
Nuevos 'signos de los tiempos' / demandan acciones nuevas...

Queden atrás ansiedades
de tintes negros y esquelas
y armonicen los humanos
con unción de enhorabuena
un enjambre de sonrisas,
abrazos, palmas y emblemas,
un canto de gloria al aire
con gesto y mirada tierna,
para vivir con sosiego
impresiones de querencia
que han crecido y madurado
a pesar de la pandemia.

¡Ya es hora de vernos libres!,
de abrir ventanas y puertas
y encontrarnos en la calle
con sensaciones diversas,
para enjugar sinsabores
al calor de las estrellas.

## 'Allá en el fondo sueñan'

Los niños y los ancianos
-gente de sana tendencia-,
el joven enamorado
y el transparente poeta,
ascienden a las alturas
con sus pies sobre la arena
y, 'como un cuento de hadas',
cantando salmos, se elevan...
y es que en el fondo del alma
sienten amores y sueñan.

Como sueña el peregrino / -cuando ruge la tormenta-
en plenitud de inquietudes / y descanso en Compostela.
Ha superado el cansancio / de nostalgias y sorpresas
con pequeños incentivos / de lirios y violetas
y momentos de silencio / recogido en su 'bodega'.

El aliento en la mañana / cuando el sol se despereza,
esa flor en el camino / que sus pasos aligera,
el encanto del arroyo / con alivio de agua fresca
y momentos de silencio / recogido en su 'bodega',...
logran que el alma respire / en tarde clara y serena;

y al besar los pies del santo,
con una caricia tierna,
le dedique una sonrisa
con perfil de primavera;
el rocío en lirios blancos
y en el corazón ofrendas:
ternura de fuente clara
y un horizonte de estelas.

# Aromas de Jueves Santo

Fuente y rincón de la Mariquitona (HONTANGAS).

Entre sombras de alameda
y el frescor de los espacios
(con una fuente sencilla
junto al río en su remanso),
extiendo mi pensamiento
en alas del agua... y canto.

Una mariposa linda / revolotea a mi lado
con vibraciones diversas / exhibiendo sus encantos.
No falta para el ensueño / y dejar la mente en blanco
el gorjeo de las aves / en las ramas de los álamos.

Quietud y silencio unidos
en vegetal escenario
se apoderan de la tarde
para eliminar cansancios
y hacer que flote en el aire
el mejor de los regalos:
el ansia de paz sublime
con referencia en los salmos,
el sosiego y la esperanza
en un largo itinerario
y un río de sentimientos
por el agua espoleado...

Camino de un mar profundo
donde gravita el descanso
y flotan con el misterio
las gracias del entusiasmo
con resonancias azules
y aromas de Jueves Santo.

# Brillan los sueños

Al alba... canta el jilguero
en la enramada.
Al alba... cantan los monjes
sus alabanzas
y al alba -¡con luz de aurora¡-
sueñan y cantan
mozos y mozas
su sentimiento,
¡tensión del alma!...

Al alba... fluye el arroyo
la 'hermana agua'
limpia y constante,
samaritana,
con su tatuaje
de azul y plata.
Al alba... vierte el poeta
sus filigranas
en tres acordes
llenos de gracia:
sueño de estrellas
en tierra brava,
rima y suspiros
de fiel plegaria,
misterio y fiesta
de gloria en calma.
Yo hago silencio...
¡con esperanza!

Al alba... como el rocío en las flores blancas,
o el hombre sabio que peina canas...
brillan los sueños de amor en rama.

# Cadencia de Pascua

Por el sublime frescor
de la ternura escarlata,
crecida en el yunque
del interior y la fragua,
no se justificaría
ni en razón de luz entrara
que ante un escenario limpio
el envite no aceptara.

A todo aquel que se precie / de ser sensible en el alma,
le causa un escalofrío / el valor que más le agrada:
una lisonja, un halago / con cercanía de pascua;
la terneza como perla / en vino tinto escanciada
sumerge al hombre en la dicha / de suave pureza intacta.
El regocijo que causa / por finura en su fragancia
eleva tensión de vida / y al espíritu remansa.
Compartir una caricia / a la luz de la plegaria
es semejante a cantar / en tensión de pentagrama
el himno del corazón / con partitura sagrada.
Con fuego en los ojos limpios / y una chispa de alta gracia
los horizontes emergen / en fecundas algaradas...

No es bueno cerrar los labios
y no pronunciar palabra;
lo sensato en este trance,
según el creyente aclara,
es hilvanar los latidos
con cadencia refinada
y decirlo en libertad
como anuncio de campana.
Compartimos intereses.
Si amas... camina y canta.

## Cuando la noche termine

Cuando la noche termine
gritaré en alto mis sueños:
ver cometas en el aire
y las águilas en vuelo;
los amigos en tertulia,
sumergirme en mil proyectos;
escalar las altas cumbres
para aliviar mis anhelos
y cuando el sol amanezca
disfrutar de mis deseos...
Zambullirme en la sonrisa / de los niños y sus besos
y permitir que el anciano / -en memorable silencio-
fumigue mis veleidades / con su mirada de fuego
y armonice sinsabores / de los que claman al cielo.

Cuando la noche termine / y se me abra el universo
preciso encender estrellas / con las flores del almendro,
cultivar mis inquietudes / profundas en modo cierto,
e iluminar en el alma / los repliegues del misterio.

Cuando la noche termine
y se encienda el sentimiento
no habrá sombras que me frenen:
¡he de luchar por mis sueños!

# De ilusión también se vive

Noche de Reyes Magos

"De ilusión también se vive",
es lo que escriben los sabios
y confirman los poetas,
cuando entre danzas y cantos
ven disfrutar a los niños
la Noche de Reyes Magos,
sumergidos en su sueño,
y vibrantes de entusiasmo.

Ver el rostro de los niños / con juguetes en las manos,
ilusionante mirada, / las palabras en sus labios,
fascinadora inquietud / con afanes de regazo,
el corazón encendido / -de emoción iluminado-...
son muestras tan elocuentes, / que hasta el más desorientado
ha de admitir la verdad: / la Noche de Reyes Magos
es delirio y fantasía, / imaginación, regalos,
ensoñación y misterio... / y un mundo imaginario
en el alma de los niños / y en los cielos estrellados.

Niños de la 'Madre Tierra':
que nadie os robe el encanto,
asombrosa transparencia
y candor privilegiado;
mantened el alma en vilo
y el corazón desplegado.

La estrella que veis radiante,
que a los Reyes ha guiado,
tiene su fuerza y deslumbre
gracias a que en un establo
ha nacido el NIÑO DIOS
para amar y ser amados.

## ¿Dónde estará mi caballo?

El sueño a caballo

El niño despierta triste,
confundido y asustado;
con lágrimas en los ojos
muestra vacías sus manos
y pregunta en la cocina
a su madre con espanto.
La madre le aprieta fuerte
y le mima en su regazo.
- No llores, corazón mío;
¿qué ocurre para este llanto?

El niño grita y jadea: / - ¿Dónde estará mi caballo?
Paseaba yo esta noche / por encima del poblado
en un caballo con alas / (un caballito blanco
de los que he visto en la feria), / entre amapolas de campo,
girasoles amarillos / y guirnaldas verde claro...

- Cuenta, cuenta más deprisa,
me entusiasma tu relato.
- En compañía de amigos,
todos ellos a caballo,
subimos hasta las nubes
y allí, mamá, con un ramo
de flores verdes y azules
y una centella en los labios,
en llamarada de fuego...
- ¿Qué más ocurrió, encanto?
- Nos escondimos juntitos
y con susto nos miramos.
El caballito volaba
y yo amanecí en tus brazos.

# Donde juegas las estrellas

El campo de margaritas
donde sueñan los poetas
es solaz de los ancianos
y de todo aquel que piensa
con descubrir los encantos
que nos ofrece la tierra
y escalar las nubes altas
donde juegan las estrellas.

Los niños son decididos / ante posibles fronteras;
con su mente juguetona, / soñadora y siempre inquieta
se levantan con soltura / donde su cuerpo no llega.
El hombre crece en talentos / cuando su aliento despliega.

Entonan romances bellos / con ramos de hierbabuena
en compañía del viento / que secunda su destreza
y apoya el sueño de luces / con diligentes cautelas,
alivio de bendiciones / y entusiasmo de reserva.

Una vez en altos vuelos
-con sensaciones sinceras-,
triscan y bailan gozosos
como lo hacen sus cometas,
cuando en remanso de luces
y en condiciones de fiesta
recalan en realidades
donde sueñan las estrellas.

# Ecos de paz en Belén

Su lenguaje en la espesura
apenas es perceptible.
Abunda el ruido inclemente,
la indiferencia que oprime
en forma banal e injusta;
desamparo a los humildes
y un creciente desafecto
que invade a quien no resiste.

Me refiero yo a la escena, / "huerto sagrado y sublime",
con 'semejanza' en la imagen, / incontaminada y firme,
que en sus predios interiores / como fértiles jardines,
germina dulces romanzas / de ángeles y serafines.

Una mirada expansiva, / sonrisas en campo triple,
canto de asombro en ternura, / frescor de gracia tangible...
son los acordes del Niño / -Hijo de Dios y de Virgen-,
el mensaje y manifiesto / como un susurro infalible,
que solo algunos alcanzan / a percibir que redimen.

Cuando el emblema se ensucia / con negros y tonos grises...
y se profana su huerto / con basura imprevisible
en el fondo de la historia / se sufren las cicatrices.

La propuesta que se anuncia
con rigurosos perfiles
en la Cueva Belenita,
donde la sombra no existe,
rompe muros y alambradas
en cadencia sin matices.
El Niño alumbra esperanza
a favor del hombre libre.

# El corazón del Ángel

Duerme su sueño en Betania
la Limpia Flor de mi credo.
Ensoñación y cadencia,
ventana abierta al misterio.

María, "llena de gracia",
se repliega a su aposento
con el alma estremecida
y la Palabra en su seno.
Eleva sus ojos claros
con sentido de altos vuelos
hasta descansar humilde
en clave de privilegio.

El Ángel ha trascendido / las nubes como un lucero
y de pronto en bella aurora / se hace presente en el cielo.
Se dirige al trono santo / donde vive el Padre Eterno
y en expresiones de asombro / expone en luz su secreto:

El encanto de María / -sonrisa, ternura y gestos-,
su libre mirada clara, / el aura y todo su acento...
se apodera irresistible / del mensaje y mensajero.

Aquí me tienes, buen Dios,
"soy el Ángel prisionero".
El corazón, afanoso,
se me ha quedado perplejo
en tierra, junto al dintel,
cautivo de puro ensueño,
ante el encanto sublime
de María, en el encuentro.

# El niño y la mariposa

Con sorpresa y en la tarde,
al toque de las campanas...
he visto una mariposa
madrugadora en la plaza.
En ciernes la mariposa
con arco iris del alba,
vuela que vuela (en belleza),
de rama en rama saltaba.
Con envidia quince lirios
quisieron seguir su marcha
y se estrellaron de pronto
en cristalera de plata.

Era de otoño la tarde: / las flores de la enramada
-enriquecidas de besos- / con los colores jugaban
de la mariposa joven / en rescoldo de solana.
Y un niño rico en sonrisas / que la seguía y buscaba
extendiendo sus dos manos / complacido se animaba,
hasta lograr -¡bello instante!- / tocar de pronto sus alas,
sintiendo que el corazón / en primores maduraba.

Sensación de limpia aurora
que el niño vivió con calma
para exponer su experiencia
con gestos, más que palabras.
Alborozo en sus dos brazos,
fuente de luz su mirada,
soñador en puro encanto
y alegría, que obsequiaba
a cuantos en el camino
-dolientes- se le acercaban.
Venid a ver un misterio
que ha enriquecido mi alma.

# El poder de las caricias

Todo viviente lo sabe:
el poder de las caricias
ilumina y transfigura,
las heridas cicatriza
y alienta la mente al alba,
como lámpara encendida.

El frío que tú padeces / -de pronto y a simple vista-,
no es por nieve en el alero / de la casa donde habitas
con los seres más queridos, / anudados en familia.
Es la falta de ternura / y ausencia de margaritas,
de las que aroman el alma / con halagos y sonrisas.

El frío denso de cuna / que enardece tu fatiga
es una quiebra de amor / y nunca se justifica.
La senda de la ternura / no se aprende y clarifica
sin consonancia de gestos / que se esparcen día a día,
como siembra el hortelano / trigo limpio en la colina.

Necesitas la ternura,
como fuego en llama viva.
Sólo así tu sentimiento,
sensible a la suave brisa,
ensanchará providencias
en horas de amanecida.

Todo tu mundo interior,
ungido en Pascua Florida,
se libera de congojas
por la paz que en esta vida
genera un beso en el alma
y el poder de las caricias.

## El sueño de un anciano

Soy habitante del mundo
-'a mucha honra'-... ¡y anciano!
Prefiero pasar por simple
a vivir sin entusiasmo.
Caminante, peregrino
de estrellas y los arcanos,
con criterios y costumbres
en la fe consolidados.

En tiempos desfavorables / para los 'sueños de antaño',
pienso en mensajes de gloria / al son de los campanarios;
el repunte de la historia / con carisma agustiniano,
el destello de las flores, / la riqueza de los campos,
el vigor del agua viva / y otro cúmulo de encantos...

Soñar quiero en las alturas / y en un afán sacrosanto:
humanizar esta tierra / con un perfil remansado
y abrir luces en la noche / para bien de los humanos...
como sueñan los racimos / y los trigos en verano
en una mesa gigante / en que todos -hermanados-,
brindemos con "flor de harina" / y el corazón en las manos,
por la paz y la concordia, / bienestar en alto grado
y el amor que pregonaba / Jesucristo en el Calvario,
que es un amor expansivo / con efecto solidario,
un amor ardiente y limpio / de quien vive enamorado;
unión de las "dos ciudades" / al son del Resucitado.

¿'Batallitas' junto al fuego
de un profeta trasnochado?

Inquietud clara y rotunda...
¡el sueño de un simple anciano!

# En la cueva de Belén

María, Virgen y Madre,
mujer de gloria increada,
presenta al Niño en sus brazos:
Hijo de Dios, La Palabra...
con sentimiento de cielo,
inquietudes de alborada
y el fervor de Madre tierna
cuando me acerco a la Cueva
de Belén en la mañana.

María, Virgen prudente, / llena de luz y de gracia,
no solo ya a los pastores / que llenan la humilde estancia,
los bendice en alegría / con alborozo de Pascua...
También, para fecundar / la vida con agua clara,
fortalece la conciencia / de aquellos que en grave calma
aprovechan el misterio / con sentido de plegaria
y se acercan a la Cueva
de Belén en la mañana.

María, Virgen y Madre,
mujer bienaventurada,
tiene una estrella en la frente
y su sonrisa regala
cuando me acerco a la Cueva
de Belén en la mañana.

María, Madre Lactante,
lago de PAZ esmeralda,
garantiza privilegios
y sosiego de alta gama
si te acercas a la Cueva
de Belén con esperanza.

# **Enjambre de luces**

La sonrisa

La imagen impulsora que mantengo
como aliento de vida en mi conciencia
es regalo de excelsa providencia
y equilibrio en perfiles que sostengo.

Tu sonrisa: el adorno que retengo;
un enjambre de luces y experiencia;
pureza, claridad y transparencia;
un destello de gracia en que convengo.

La sonrisa es la clave en el concierto
que en el duro escenario de la vida
requieren los humanos siempre abierto.

Que esta gracia te asista en la partida
y nos lleve 'en volandas' a buen puerto,
donde el alma descanse estremecida.

# Entre sueños y vigilias

En el centro de las nubes,
entre sueños y vigilias,
se apodera del paisaje
el candor de tu sonrisa.

Muy pequeñas son mis manos, / mas las mantengo tendidas;
despliego, además, el alma / como llama que palpita.
No merezco yo el regalo / -"Camino, Verdad y Vida"-
de que me tengas en cuenta / con llamada preferida.

Me ofrezco a tener presente / tu amistosa compañía
para que todas mis huellas / con las tuyas coincidan
y pueda salir al paso / hasta el lugar que tú habitas,
sin ceder a las presiones / ni enredarme en las espinas,
con el corazón atento / y el alma en ti sumergida.

La mirada tengo abierta / y la voluntad ungida.
¡A la sombra de tus huellas / el cansancio se mitiga!
Si el camino se hace largo, / grande ha de ser la fatiga...

Tu presencia entre los hombres
en esta tierra bendita
es un misterio de gracia
con despliegue de armonía.

# Gloria a la Madre y al Niño

Villancico

En paseo de rutina
para dar descanso al cuerpo
y despejarme la mente
como alivio y buen concierto,
me ha sorprendido una escena
por su gracia y argumento.

En el cruce de dos calles, / de un sencillo y lindo pueblo,
niños y niñas cantaban / 'como ángeles del cielo'
villancicos a la Virgen / y a Jesús en su misterio
-tras la noche de Belén-, / entre aroma de romero.
Vestían verdes y azules, / una estrellita en el pecho,
coronas de flores rojas / y calzas de terciopelo.

Sus voces, blancas y limpias, / en regalado contento;
todos batían sus alas / con primoroso desvelo.
Y la Virgen, entre nubes, / en espirales de incienso,
acoplándose a su ritmo / -en deleite de altos vuelos-,
presentaba al Hijo hermoso, / muy complaciente y risueño...

¡Gloria a la Madre y al Niño,
gloria en la tierra y el cielo!
Ha nacido una sonrisa
en la plenitud del tiempo.
Tiene el rostro de querube
y en la mirada un incendio;
viene a enseñarnos al Padre
en sublime advenimiento.

Ante la estampa florida... / cuando volvía al convento
advertí luces de aurora, / sumergido en embeleso;
miré mi frente y mis manos... / ¿Sólo había sido un sueño,
o más bien una vivencia, / expresión de mis anhelos?

# Ha nacido el Niño

Entre margaritas / y albores intensos
crece un tallo en ciernes / sobre tierra adentro;
estrella luciente, / como flor de almendro,
y un sueño esmeralda / de joven inquieto.

Blanco es el mensaje / de los 'cielos nuevos';
con aromas suaves / en clave de ensueño.
Rumor de alma virgen / en llamas de fuego
y una voz de Arcángel / que trenza el misterio.

Hijos de los hombres, / estad muy atentos:
Ha nacido el Niño / amoroso y tierno
en la cueva humilde / -¡feliz aposento!-
y crece en ternura / de luz y silencio.

San José y María / lo anuncian en verso:
somos peregrinos / 'tatuados de cielo'.
Ha nacido el Niño, / de inquietudes lleno;
viene a nuestra orilla, / busca nuestro encuentro.

## Hay un despliegue de luces

Siento que el hombre navega
sin timón y a la deriva
en un barco que 'hace agua';
por voluntad imprecisa,
despojado de resortes
que dan sentido a la vida.
Colocado en un ambiente
de espejismos y codicia,
vive entre sombras y miedos .
sin despliegue de sonrisas,
aturdido en 'noche oscura'
con el alma adormecida,
como flotando en un limbo
sin visión esclarecida.

Sorprendente desafío:
cultivar flores y espigas
sin la luz de un sol radiante
que cauterice la herida
y abra nuevos horizontes
con agua mansa y bendita.
Hay un despliegue de luces
que en el fondo nos animan
a levantar en el alma
altares de gracia activa.
Son tiempos de alianza nueva,
de inquietudes infinitas,
saludos de mensajeros
y de promesas cumplidas.
Es NAVIDAD en la tierra,
fechas de gloria y vigilia.

# La sonrisa

Al explorar en el hombre
los valores de su vida,
esas tensiones sublimes
que al corazón iluminan...
me encuentro con el misterio
y el fulgor de la sonrisa.

¿Hay algo más sacrosanto / en esta tierra de espinas,
que el rostro de una mujer / que se siente bendecida
al tener a su hijo en brazos, / por la familia asistida?
¿Y qué decir de ese gesto / de ternura comprimida,
del bebé sano y crecido / cuando la madre le mima?

La sonrisa es sacramento:
es luz, es calma y es brisa;
es bonanza y transparencia,
dulce encanto y poesía...

Es condimento y salud,
con unción de bienvenida
para todo el ser humano
que abra ventanas floridas
y no confunda a su alma
con la cruz de la rutina.

La sonrisa es privilegio
elocuente de almas vivas,
que cantan, sueñan y sienten...
y su corazón destila
-arco iris de primores-
bondad en amplia medida
y un misterioso destello
de inquietud definitiva.

# La tarde huele a romero

La tarde huele a romero
con tintes de primavera;
para quien sabe soñar...
la gracia brilla en la Cueva.
En Belén nace la Aurora
que da luz a las estrellas:
Niño de limpia mirada,
preludio de paz y fiesta.

Destilan gozo las nubes / *-gota a gota su cadencia-*
y un arco iris de gloria / cobija en color la tierra.
Quietud de fuego en el aire; / los pastores ya se acercan
*-jardineros de sus sueños-* / en admirable secuencia.

Transida de Dios al alba
María, en silencio, observa
con la sonrisa en los labios
y en el alma *-flor inquieta-*,
el misterio más hermoso
que une al cielo con la tierra.
Es el anuncio de gracia
en forma de brisa fresca.

Tanto se aclara el futuro
para los hombres que sueñan
que harán de la vida un salmo
a partir de esta vivencia.
La tarde huele a romero.
Cantan los niños y juegan
compartiendo los encantos
que brotan en florescencia.

# Latidos de ternura

Ante el impacto sublime de la ternura intacta,
crecida en el yunque del corazón,
no sería justo conmigo mismo
si al beso joven los labios cerrara
y no expusiera con claridad de pascua
lo que el alma siente a porfía:
el calor que más le agrada
y la perla en vino tinto
que exhibe con deleite
en pentagrama de arcilla
por imperativo legal.

El espíritu abre sus puertas
a la fragancia íntima,
compartida al alba y florida
en el mesón de las estrellas,
como expresión y melodía sin rubor
de esta sensación de plenitud.

Si el corazón retoza en la verdad
abierto al fuego de los ojos limpios,
en remanso de luz angelical,
gracia de virgen en aura violeta
y donaire de niños pastores...
¿por qué he de grapar los labios
y cerrar el alma con vocación
a la ensoñación y lirismo de la vida?

La ternura del poeta -curada al fuego-,
ha de ser agradecida.

# Mascota

*"Se moja el colderillo"*

Al barruntar la tormenta
el pastor, en descampado,
trata de buscar refugio
y proteger su rebaño.

Tan rápida y tan violenta / se abre la nube en verano
que no tiene más remedio / que dirigirse al poblado.
Los vecinos que se enteran / de la suerte del ganado
acuden presto en su busca, / cada cual con su cuidado.
Cuando cesa el aguacero / y en el cielo se hace el claro
un niño viene al encuentro / tiernamente preocupado.

- "Se me moja el colderillo" / -grita con su 'voz de trapo'-;
y al avistar su mascota / la recoge con sus brazos;
"se me enferma el colderillo; / mi cordero se ha mojado",
repite con sentimiento, / dando riendas a su llanto.

Atentos ven los mayores / al niño con sus encantos
y se miran con asombro / ante unos gestos tan claros.
Con paso lento y tranquilo / se acerca el pastor de campo;
viene sereno y sin prisas, / consciente de ser pausado,
acoplándose en su ritmo / al paso de su rebaño
con firmeza; y en sus hombros / la oveja enferma portando,
el hatillo y su zurrón / y un lechal en su regazo.

Deriva en palmas el tema
al verlos sanos y salvos;
y expresan su complacencia
con cordura y entusiasmo,
al depositar laureles
en la figura de ambos:
al niño por su ternura
y al pastor por su trabajo.

# Mirad al alba, pastores

Mirad al alba, pastores,
la señal de la esperanza:
un Niño recién nacido
a quien su Madre amamanta
y le abriga en su regazo
como se riega una planta
para que no desfallezca
en su condición precaria.

Mirad al alba, pastores, / la señal de la Alianza:
apenas si tiene fuerzas / para expresarse en palabras
y enciende hogueras de amor / como bandera sagrada
para el humilde y sencillo / que le muestre confianza.
Venid al alba, pastores / y cantad las alabanzas
al Niño, rico en sonrisas, / como chispas de una llama
y acercaos a la Aurora / que se ofrece en forma clara
con perspectivas sublimes / de Resurrección y Pascua.

Soñad al alba, pastores, / y removed vuestras brasas
a la luz de las estrellas / iluminando las almas.
El Niño recién nacido / en condiciones humanas
libera de esclavitudes / con un despliegue de gracia.
Es "el Dios de las promesas" / que los ángeles aclaman:
-"Gloria a Dios en las alturas", / en prodigiosa alborada;
"paz en la tierra a los hombres / de voluntad contrastada"-
y amor de trigo redondo / que se explaya cuando canta
con la tensión de la vida / en las calles y las plazas.

Gritad al alba, pastores,
la expresión de la esperanza:
un Dios que se hace presente
en figura humanizada;
respirad el aire limpio
y entonad una plegaria.

# Mirad, cantad y soñad

¡Mirad, cantad y soñad,
con pasión y libertad!
Era un clamor muy común:
"están secos los pantanos,
no hay nieve en las cumbres altas,
los ríos bajan escasos".
¿Cómo atajar el problema?
La nieve tiende su canto
sobre la faz de la tierra.
Miran y ríen los campos.

¡Mirad, cantad y soñad,
con pasión y libertad!
Con ansiedad reflexiva,
esperaban los encantos
de la nieve los labriegos.
¡Bendiciones de lo alto!...
Y llegó el Día de Reyes.
La nieve tiende su manto
de hermosura y de riqueza.
Cantan y ríen los campos.

¡Mirad, cantad y soñad,
con pasión y libertad!
En el programa previsto
de La Vid y sus tres Barrios
rezaba el "Belén Viviente",
tras los 'oficios sagrados'.
Pero el tiempo no da tregua.
La nieve tiende su manto
sobre montes y riberas.
Sueñan y ríen los campos.

## Nana de la estrella

Las estrellas vigilan el sueño de los niños.

- ¿Qué es aquello, madre buena,
que en el cielo tintinea?
- Son estrellas -¡mi lucero!-,
que en tus ojos centellean.
Mira a lo alto y sonríe,
verás cuántas se te acercan
a jugar en luz contigo;
son radiantes en belleza.
Cuando tú duermes y sueñas,
en juego de nubes altas
alumbran tu alma y besan,
cultivan tus ilusiones
en augusta transparencia.
Imagen de mis anhelos...
¡Yo también quisiera verlas!
\*\*\*
Como el águila planea en las alturas
así mismo las estrellas
iluminan los hogares
con los ángeles y niños cuando rezan.
Recrea, pues, tus sonrisas
y acude pronto a la fiesta...
\*\*\*
- ¿Lloras, mamá?
- Lloro, mi ángel; necesito creer en leyendas
que transmiten con sus versos los poetas.
Quisiera...
perseguirlas en la tierra.
Si pudiera sujetarlas
con un beso de inocencia...
Duerme... ¡mi sueño bendito!,
que está llegando tu estrella,
la más alta y luminosa,
aquélla,
que refleja en la campana de la iglesia.

## Nana del niño dormido

He visto el encanto
de un niño dormido
en brazos del aura
del parque florido;
cabalgan las nubes
al toque festivo
y escucho un jilguero
celebrar al niño...
con sus alas blancas
y olor a tomillo.

He visto en el campo
al niño en un vuelo,
jugar con cometas
arriba en el cielo,
correr los sembrados,
salir al encuentro
llevando sonrisas
-feliz y contento-
y escoger las rosas
más bellas del huerto
a la madre tierna
y a su padre bueno.

¡Qué hermoso es el niño!,
cantan los luceros,
mientras las estrellas
le brindan un beso
al niño dormido
que vive su sueño...

# Navidad es un encuentro

Puede que el niño pregunte
con sorpresa y embeleso
en días de nieve y frío:
- Tú, papá, que eres sincero
y la verdad no me ocultas,
dime, pues con sentimiento:
¿Navidad es una feria,
o la fiesta del encuentro?

Tú mismo lo has advertido
a pesar del desconcierto;
Navidad, más que unos días
de pandereta y festejos,
reuniones familiares,
balances del año viejo
y propuestas de futuro...
Navidad es un misterio.

El misterio de Dios Hombre / que en rostro de Niño tierno
se acerca al hombre y le mira / con las manos en el pecho:
si sientes hambre de luces / en tu corazón inquieto,
acude pronto a la fuente... Navidad es un encuentro.

Navidad es cercanía
y aroma de flor de almendro;
ternura y mirada limpia,
calor de Virgen y ensueño...
Cuando te sientas cansado,
si en tu alma no hay aliento,
mira al Niño que ha nacido...
Navidad es un encuentro.

# Niño sin cuna

¡Abrid el alma a la luz
y proclamad aleluyas!

En un sublime silencio / nace de Dios la *TERNURA*.
Se abre paso entre las nubes, / llega en brazos de la luna.
No es cierto que Dios se esconda: / ¡vedle ahí sin veladuras!,
fruto de una **joven Virgen** / hermosa como ninguna;
sin alardes de grandeza, / sin exigencia y fortuna,
acostado en un pesebre, / entre un buey y una mula.
*"La palabra se hace carne"* / y el misterio nos deslumbra.

¡Abrid el alma a la luz
y proclamad aleluyas!

**Santa María** se asombra / ante tanta gloria oculta,
recoge sus sentimientos / con claridad absoluta;
y el bueno de san **José,** / entre sueños y penumbra,
se entrega en cuerpo y alma / sin perder la compostura
para mantener la cueva / en ambiente de clausura.

¡Abrid el alma a la luz!
¡No exijáis mayor ternura!

Cuando **el Niño** se sonríe / y el misterio ya despunta,
con los anhelos en juego / (como el agua con la espuma),
los pastores de la zona / comparten todos a una
admiración y alabanza, / gloria serena y profunda,
que los impulsa a cantar / *la fiesta en las alturas*.
No cabe mayor amor / de Dios a las criaturas;
por coherencia en su ser... / ***¡El Niño nace sin cuna!***

¡Abrid el alma a la luz
y entonad las aleluyas!

## No, no es que yo esté soñando

Cuando contemplo la espiga
-floración en crecimiento-,
o me fijo con cuidado
en los jóvenes sarmientos,
siento que emerge del alma
lo más dulce del incienso
con repique de campanas
y armonía de concierto...
No, no es que yo esté soñando,
el que sueña es el jilguero.

Espigas de trigo limpio, / con perfume de romero
mecidas en primavera / por la brisa de aire fresco,
me lleva a pensar en claro / en un futuro pan tierno,
"nuestro pan de cada día"... / horneado con espliego
y la calidez de espíritu / del sublime mensajero.
No, no es que yo esté soñando,
quien sueña es el misionero.

Igual sensación de agrado, / de regocijo y de ensueño
noto en los campos de vides / si me fijo en los sarmientos:
se abrazan fuerte a la cepa / madurando en el silencio
y soñando de inmediato / en un amistoso encuentro.
Prodigio de tierra y agua... / y del hombre con su esfuerzo.
No, no es que yo esté soñando,
el que sueña es el almendro.

Es advertir de continuo, / de paseo en campo abierto,
las bondades de la tierra / en su florido misterio,
con asistencia del sol, / el agua limpia del cerro
y energía en la semilla, / según el cielo ha dispuesto...
No, no es que yo esté soñando
el que sueña es el jilguero
con los primores del prado, / el aroma del romero
en vaguadas y colmenas; / la antorcha del mensajero
y el regalo de su canto / con la flor de los almendros.

# Poetas de tierra virgen

De siempre me han informado
en aulas y reuniones
que el poeta se deleita
y complace sus versiones
en buscar palabras suaves
de contenido y redoble
que den al mundo sentido
y ensanchen los corazones.

Poetas de tierra adentro, / personas con alma noble:
gritad a la vida un canto / con los mejores acordes
y empeñad el verso libre / para transmitir valores
y fustigar las mentiras / que crecen en todo el orbe.

Personas de sentimiento, / intuición y resortes,
"orfebres de la palabra", / de jardines cuidadores,
abiertos a la ternura... / Elevad nuestras tensiones
para que reine en la tierra / la paz que a todos adorne.

Es bueno tener presente
en este juego de amores
que la musa es caprichosa
y a veces no rinde honores
a quien indaga en su mente
y busca graves razones
para sembrar en las almas
el néctar de las canciones.

Utopía en tierra virgen,
justicia en los opresores,
libertad en la plegaria...
sin amago de presiones.

# ¡Que nadie secuestre el alma!

Cada día es más urgente
el despliegue de valores
para abrir caminos nuevos
que iluminen horizontes.

En la vida hay circunstancias
que postulan savia joven,
mantener preceptos firmes
y buen pulso en decisiones.

Hay momentos muy cruciales / en que crecen las tensiones
en grado tal de opresión, / compromiso y sinsabores,
que sería un grave error / y señal de mente pobre
retirarse de la pista, / como el cobarde se esconde
tras la 'prudencia' y el miedo / eligiendo un mal enfoque,
en vez de entrar en combate / y emprender nuevas acciones.

Si admites una receta
en dosis de "golpe a golpe"
puedes tomar entre otras
-si así te sientes conforme-,
ésta que viene firmada
con avales de renombre:
actitud inteligente,
reprimir vanos temores,
ser audaz y muy valiente,
de acuerdo a los siete dones.

¡Que nadie secuestre el alma!,
ni tus criterios más nobles.

## Se ensancha el corazón

Nace el hombre -según naturaleza-,
con vibrante refrendo religioso,
aspirando quietud, paz y reposo
al son de bambalinas de belleza.

De repente, el buen Dios, en su pureza
desciende a nuestro valle venturoso
y enciende con su amor maravilloso
la esperanza, sumido en la pobreza.

Este NIÑO que nace desvalido
con mensaje de ángeles en gloria
se acerca en humildad con su latido

al hombre, e inaugura etapa nueva.
Se ensancha el corazón por su victoria,
oculto en el misterio de la Cueva.

## Siete jinetes blancos

He buscado en los albores
fantasías de alta mar
y en los lirios del remanso
-en sombra del olivar-
dejo la mente en reposo
y me dispongo a soñar.

Son siete jinetes blancos
resueltos a galopar
los que prejuzgan bonanza
-arriba del encinar-
y hacen crecer la semilla
cuando acaba de brotar,
como se templan las almas
a punto de naufragar.

Cancioneros y romanzas / que acertáis a sentenciar:
hontanares de agua dulce / nunca es bueno abandonar,
porque un jinete de blanco / -arriba, en el "dulce hogar"-
presagia esperanza noble / y acordes en el altar
en pista de siete sellos / con marca para cantar.

Haz que florezcan los campos
y remansen a la par
al peregrino que llega
cansado de caminar
y ofrece el agua tranquila,
agua limpia de hontanar,
donde confluyen los hombres
inquietos por descansar.

## Silencio, que sueña el Niño

Silencio, guarda silencio;
silencio, que nace el Niño.
Se ha dado cita el misterio
en la mirada escondido,
con la sonrisa expresiva
en luz de almendro florido.

Silencio, guarda silencio; / silencio, que crece el Niño.
En el alma la alegría / y en sus ojos -¡ojos limpios!-
una antorcha de cristal / y el aceite del olivo.
Bajo la brisa y el viento / a vaivenes sometido,
parece un ángel de paz / entre sus buenos amigos.
Sabe amasar en el horno / y compartir pan y vino:
harina de buen costal, / venerada en el molino
y mosto de cepa virgen / cargada de buen racimo...

Silencio, guarda silencio; / silencio, que sueña el Niño.
Un anuncio, una llamada, / en un corazón sencillo;
rumor de vida en el gesto, / alborada y compromiso,
más que palabra elocuente, / vigor de mar sin peligro;
un bautismo, una canción, / un intenso y fuerte grito...

Antes que hombre es un ángel
por gracia de amor divino.
Unción de Pascua Sagrada,
lirio de campo y rocío;
aurora, sol envolvente,
transparencia y fuego vivo;
es antorcha, llama y luz,
verso de Dios uno y trino.
Silencio, guarda silencio;
silencio, que sueña el Niño.

## Soñar en días de lluvia

Soñar en días de lluvia
con la nieve en las montañas,
depara paz y contento
al peregrino del alma.

Hay luz en hogar bendito / y paz en la Cueva Santa,
mientras el joven camina / al conjuro de esperanza.
¿Adónde va el caminante / con cargamento a la espalda?
Sigue la estrella que ha visto / con ansia de luces claras,
mientras leía la Biblia / en el umbral de su casa.
Alumbra en sueños de nieve / el Sol de tierras lejanas
y viene al encuentro del Niño / que brilla en la Cueva Santa.
Sueña en abrazos de gloria, / de paz sublime y de gracia,
de ensoñación y misterio, / transparencia de alianza...
mientras la Madre amorosa / acude a la luz del alba
teniendo al Niño en sus brazos, / en silencio, ensimismada,
y saluda al peregrino / con una sonrisa blanca.

Soñar en días de lluvia
con la nieve en las montañas...
¡Canto en versión encendida
bajo el refrendo de Pascua!

## Sueños del alma

Vivo soñando inquietudes
en los silencios del alma,
cuando en la tarde, los campos
sueñan amores en calma;
viaje fugaz, niebla densa;
en la fuente canta el agua.

- Peregrino ¿a dónde vas,
a la luz de la alborada?
- Voy al encuentro de estrellas.
Barquero, sujeta el ancla.

En la Ensenada del Ángel
los sueños son llamaradas
de imperiosa trascendencia
al son de almendro de Pascua.
El ambiente es dulce y claro,
sin barreras de distancia,
para perpetuar al hombre
en tensiones de esperanza.
Suave brisa en luz intensa
como el temblor de una llama...
y una antigua melodía
invade el recinto en gracia.

El alma no quiere ruidos:
remonta el nivel, se explaya;
recuerda proyectos nuevos,
respira fuerte y descansa.

Vivo soñando inquietudes
en los silencios del alma.

# Sueños Inocentes

En el ámbito ferial de *la noche excelsa*
los parlantes difunden mensajes festivos
según provienen de lejanas antenas:

¡Se ha instalado la paz
en el corazón del hombre inquieto!,
es el verso del poeta.

El asceta, por su parte, con calma en los ojos,
coloca el valor sagrado de la gratuidad
en el bello escaparate del enigma.

**Los pobres** -anuncian los peregrinos-
han conquistado en sosiego
el espacio ajardinado de la *'tierra protegida'*.

Los limpios de corazón,
respaldados por los *'sabios del silencio'*,
van a ser investidos a la luz de las estrellas
y regirán las naciones de la *"casa común"*,
que abastece 'leche y miel de balde'.

El "Profeta de la Luz"
anuncia con palmas y acordes de guitarra,
semillas de paz y justicia
en un concierto de jóvenes roqueros.
"¡La justicia y la paz se besan!...".
¡Hermoso slogan para una pancarta reivindicativa
y consorcio de luz para un espacio feliz!
Se escuchan aplausos vibrantes
con gestos de ternura
mientras cae lentamente el telón
sobre el ara fecunda de los ojos claros.

## Ternura, aliento espiritual

Aliento espiritual es la ternura,
brisa de amor profundo y verdadero
que surge del más hondo reverbero
del alma, en vocación de levadura.

Calor de luz en llama de hermosura
que ilumina y florece en el albero
del corazón vivaz, que se da entero
en gestos de cariño y piedad pura.

Las caricias de amor en la mirada
como aliento festivo y deleitoso
se insinúan con fuerza arrebatada.

La ternura es de efecto prodigioso
en personas de vida ensimismada
que descubren su temple afectuoso.

## Una sonrisa tierna

Canta un jilguero en la rama
como lo hiciera el poeta:
lo que canta es un misterio
para todo aquel que espera
que al camino se incorpore
el fulgor de las estrellas
con resonancia de luces
en virginal primavera.
¿Qué es Navidad, me preguntas?
A estas alturas de siembra
he de afinar los sentidos
y el corazón, en respuesta;
y acudir -por 'puerta humilde'-
al sentir de los profetas.
Navidad: Niño en Belén,
ojos de Virgen en fiesta,
simpatía de un buen padre
y aliento, según me cuentan,
de ángeles y pastores
que 'en actitud manifiesta'
abandonan los rebaños
y secundan las promesas.
Navidad es esperanza
gozosa, ternura nueva,
luces de amor y bondad;...
amanecer en la Cueva
-'silencio', que duerme el Niño-
en sublime transparencia.
¿Qué es Navidad, me preguntas?
Es Dios... tan Niño y tan cerca
del hombre y sus inquietudes,
que si cultivas creencias
y expandes el corazón...
notarás en tu conciencia
un destello de luz blanca
con una sonrisa tierna.

## ¡Vaya una escena!

Por un camino
de polvo y tierra
vienen cantando
niños de escuela.

Llegan gozosos, / de enhorabuena;
con panderetas / y castañuelas.
Han visto al Niño / -según se expresan-
entre una nube / de luz intensa.
Lo han encontrado / en una cueva
entre animales... / ¡Vaya una escena!

Su hermosa Madre / -brillo y pureza-
canta una nana / con las estrellas,
mientras el padre / -justo en esencia-
sale al encuentro / y abre la puerta
a los pastores, / con sus ofrendas:
vino y pan dulce, / frutos de higuera,
flores de almendro / y miel de abejas;
todo dispuesto / para la fiesta.

Con el bullicio / el Niño despierta.
Mira a su entorno / -mirada tierna-
y se complace / con gracia eterna.
Su gesto suave / los embelesa.

Cuando los niños
mudos se quedan,
son los pastores
-con sus ovejas-
quienes anuncian
la buena nueva:
paz a los hombres,
luz en la tierra.

# 6

## EL MISTERIO DE MARÍA

*María es de los misterios el más dulce*

(Miguel de Unanumo)

## Agua de la Virgen

Agua limpia la Virgen ha bebido
en Hontangas, "lugar de muchas fuentes".
Agua pura -pensamos los creyentes-
ha de ser, pues la Madre la ha elegido.

A sus plantas -por todos conocido-
brota el agua, y aquellos más fervientes,
de inquieto corazón y claras mentes,
la guardan en el alma, "edén florido".

Agua santa y profunda de la Cueva
que sustenta al sediento peregrino
es la gracia que alienta y nos renueva.

Pan y vino en la mesa bien surtida
y, pensando en el último destino,
agua inquieta que salta hasta la Vida.

## **Ahí tienes a tu Hijo**

"... y desde aquella hora, Juan la recibió en su casa".

Estaba Cristo en la Cruz
en asfixiante agonía:
nos entregó con ternura
-como el acto requería,
en la cima del Calvario-,
a su maternal María.
Desde aquel mismo momento,
"cuando el sol oscurecía",
los amigos de Jesús
gozamos de compañía.

María quedó en silencio
al son de la melodía
y el alma de los creyentes
-por honrosa cortesía-,
empezó a vivir la fiesta
que del cielo procedía.

También la Madre bendita, / exquisita en armonía,
elevó su alma al cielo / y expresó lo que sentía.
Amor por los nuevos hijos / que con gozo recibía
para vencer soledades / y encumbrarse cada día
a la altura de la gracia, / donde estrellas -a porfía-
deslumbran en claridad / y asombran por empatía.

- ¡Bienvenidos seáis todos!, / cual sublime eucaristía;
"a Dios den gracias los pueblos" / en solemne sinfonía;
ya no vivo en soledad / -según mi ser presentía-,
sino que tengo razones / con encanto y poesía
para abrir el corazón / a esta hermosa teofanía.

# Alabanza y gloria eternas

Han pasado nueve meses,
María, de dulce espera,
desde que el Ángel Gabriel
buenas nuevas te trajera.

En tu sublime silencio
-sumergida en la sorpresa-,
has recreado el misterio
al son de la Providencia.

Y ha llegado ya tu hora
al remanso de una cueva;
el fruto que tú esperabas
resplandece en nuestra tierra.

"Gloria a Dios en las alturas
y a los hombres paz intensa";
es el mensaje del Ángel
con olor a Nochebuena.

Sonríe Jesús al alba
con vocación de Profeta
y no escatima ternura
para aquel que lo venera.

Enhorabuena, María,
por tu gracia manifiesta;
y al Hijo de tu sonrisa...
alabanza y gloria eternas.

## Asunta al cielo

¿Cómo hacerte llegar en esta tarde
de luz y sol radiante de verano
una flor cultivada por mi mano
envuelta de cariño y sin alarde?

No quiero yo pasar como un cobarde
que ante gloria que afecta al ser humano
y un misterio tan nuestro y tan mariano
lo viva sin fervor y no me guarde.

Un aliento, una llama, una sonrisa,
un canto de alabanza en hermosura
dibujas en el aire, Asunta al cielo.

Y acompañas con gracia -suave brisa-
al creyente que vive en noche oscura
con regalo de paz y de consuelo.

# Con admiración de aurora

Con admiración de aurora
y asombro de doce estrellas
he descubierto entre nubes,
en condiciones diversas,
un mundo maravilloso
del que quiero rendir cuentas
en romance paladino
y expresiones sin reserva.

Siete son los caballeros, / montados en jacas negras,
que escoltan con privilegio / a una dama, que en belleza
aventaja por su encanto / -como el lirio en primavera-
a cualquiera otra mujer / que presente competencia.

La luna a sus pies rendida. / Rastreando por la tierra
la serpiente venenosa. / Y un jardín con su floresta
-Querubes y Serafines- / sosteniendo su diadema
ante el grandioso universo / que admirado la contempla.

María tiene de nombre
esta flor de Galilea.
Por Dios encendida en gracia
con vocación predilecta
y por su misión cumplida
con generosa nobleza,
elevada en cuerpo y alma
al corredor de la fiesta,
donde los ángeles cantan
alabanzas de grandeza.

# Con perfume de misterio

Ave, reina de las flores,
de la luz y el embeleso.
María, "llena de gracia"
por divino privilegio;
"bendita entre las mujeres"
al son de un dulce misterio.

Quien saluda reverente / es el Ángel mensajero:
llega anunciando alianzas / con preludio de altos vuelos.
En el umbral de la casa, / sumergida en el silencio,
se explaya una joven niña / en fragancia de romero.
Transfigurada en belleza, / María -en sublime gesto-
vibra en acordes humildes / ante el saludo de ensueño.

Entre la brisa del alba,
donde habita el Alfarero,
flota el encanto de gloria
como la flor del almendro.

"Al son de cítara y arpa", / en espirales de incienso,
la Virgen, "de gracia llena", / queda prendida en el verso,
al entender que el mensaje / que le ha salido al encuentro
es la Palabra encarnada, / que ha remansado en su seno;
una Palabra envolvente / con veladuras del Verbo.

"Hágase en mí tu Palabra"
en la tierra y en el cielo
y canten con flores blancas
melodías de este suelo,
para gloria de Dios Padre
que ha desvelado el misterio.

# Cúmplase en mí tu Palabra

En esta tarde festiva
por el sol reivindicada
quiero yo escuchar tu canto
-como alondra en la mañana-
y el eco de tu silencio
apoyado en la Palabra.

Virgen Santa de la Aurora,
el mensajero que te habla
y anuncia el grave misterio
en un despliegue de gracia,
preserva con siete llaves
la grandeza de tu alma.

Tu corazón, grande y puro / -como inmensa llamarada-,
se recoge ensimismado, / se refugia en la esperanza
y se pliega al plan de Dios / a través de la plegaria.

El horizonte que se abre / de improviso y que no alcanzas,
te sumerge en los arcanos / de celestiales alianzas.
Tú vives en grado excelso / el misterio en tus moradas;
piensas, susurras, aceptas / y en el corazón lo guardas.

Contemplación y silencio
en horas de madrugada;
canciones de gloria y fiesta,
el ángel en retirada;
y tú, mirando a lo alto
-en asombrosa mirada-
pronuncias un SÍ rotundo:
"Cúmplase en mí tu Palabra".

## Descanso de altares

Junto al agua de este río,
generosa en claridades,
hay una ermita mariana
en el remanso del valle.

Peregrino, que transitas
en esta apacible tarde,
una tierra consagrada
a María, Virgen Madre,
no desdeñes agua viva,
manantial que satisface.

Entra con los pies desnudos / hasta que el alma repare
en la quietud que transpira / el recinto con su imagen.
Sueña y reposa inquietudes / sin ansiedad en tu carne
y permite que la enseña / que se otorga al caminante
inunde el alma de gracia / en acordes virginales.

Blinda tu zona sagrada / donde el corazón descanse
con tu mirada en sus ojos / -ojos tiernos, ojos grandes-
y respira mientras subes, / poco a poco, a realidades
sublimes y no comunes / en este recinto grave.

El Espíritu de Dios / que en ti cultivas y arde
purifica lo que lleves / de tensión y vanidades
y alienta en ti con su fuerza / el rescoldo en forma estable.

Silencio. Guarda silencio.
Recogido en esta tarde
en la Ermita de la Virgen
con esquemas inefables...
es el regalo que llevas
como descanso de altares.

## Desposorios. María y José

Informan quienes lo han visto
que en tiempos de gran consuelo
una joven nazarena
fue presentada en el Templo
y entregada por esposa
a José, varón perfecto.
María, "llena de gracia",
José, "varón justo y bueno".

Sobre ambos se cernía / la gracia y requerimiento
de colaborar con Dios / (por su bondad y silencio,
discreción y buen sentido, / humildad sin fingimiento)
en la salvación del hombre, / según dicta 'el manifiesto'.
Los padres y familiares, / llenos de gloria y risueños
disfrutaban de la escena / sin apenas darle crédito.
Al pie de la escalinata / del gran y sagrado Templo
los jóvenes se miraron / radiantes de amor intenso,
tendieron sus manos limpias, / festejaron el encuentro,
pensaron en *'su papel'* / y mutuamente prometieron
(con el corazón en ascuas / y en presencia de su pueblo)
amor y fidelidad / cada uno con sus fueros.
Los dos, a la vez, pronuncian
la fórmula: "Sí, te quiero".

En señal de regocijo / y elevando el alma al cielo
los presentes en el acto / revelaron su contento
con expresiones sinceras, / aplausos y otros gestos.
'La bendición de lo alto / asista en todo momento
a los jóvenes valientes / de corazones inquietos
a cumplir la voluntad / -los planes...- de Dios eterno'.

Estos planes son de gracia,
de sacrificio sincero,
docilidad por lo alto,
disposición al misterio,
voluntad inquebrantable
y ejercicio de silencio,
en concordia de familia:
ofrecer a Dios un cuerpo
(engendrado en María

por misterioso concierto),
protegerle de enemigos,
educarlo en el respeto
con honradez y plegaria...
y todo esto a fuego lento,
para que un día *Jesús,*
Hijo de Dios -"Nazareno"-,
pudiera cumplir el plan
de su Padre, Dios eterno:
humanizar la existencia
de los frágiles y enfermos,
recuperar la armonía
de los simples y *'maestros',*
elevar la dignidad
del pobre (con privilegios)
y hacer que todos los hombres
amen la tierra y el cielo.

## El anuncio del Ángel

El saludo de Gabriel,
ángel de Dios, a María
abre esperanzas al hombre
en misteriosa misiva:
- En tu seno virginal
con despliegue de sonrisas,
un Niño te ha de nacer
en gracia de aurora y brisa,
como fragancia de flores
y fruto de una caricia.

En disposición humilde / cantó con fervor María:
- "Dios sublime de Israel, / mi alma te glorifica;
aunque no entiendo el misterio / acepto su melodía;
cúmplase tu voluntad / y no se haga la mía".
- ¡No temáis!, buena Señora,
al que con tierna porfía
desea ocupar tu cuerpo

en previsión selectiva,
como si fuera una siembra
de generosa semilla.

El Hijo que ha de nacer
en graciosa teofanía,
será grande en esta tierra
aunque le cueste fatigas.

La Criatura ha de ser
antorcha de luz y guía
para gloria de Dios Padre
en prodigiosa armonía.
Será excelsa la misión
en su forma y sinfonía,
pues no en vano representa
al esperado Mesías.

La bondad de sus palabras
con destellos de alegría,
sus gestos de compasión,
su mirada clara y limpia,
su fortaleza de alma
y meditada empatía
con los enfermos y niños
en contacto con la vida,
serán su mejor aval
en 'el campo de la espiga',
para recrear al hombre
de su primera caída.

Así se expresó el Arcángel / en la casa de María
cuando del cielo bajó / para anunciar la Noticia.
Y en prodigioso contento / de escena sin bambalinas
san Gabriel se retiró / de la tierra a la otra orilla.
María quedó en silencio, / por gracia fortalecida.

# El silencio de María

Para vivir el Adviento

Con el anuncio del Ángel
y el encanto de María,
el plan de Dios sobre el hombre
con la dignidad herida,
recobra el punto de honor
que en el principio tenía.
Tal como estaba previsto
en la voluntad divina,
el reencuentro prodigioso
es cuestión de melodía.

Brilla en el cielo una estrella. / Según tradición escrita,
esa luz resplandeciente / ha quedado ya encendida
en el seno de la Virgen, / -así Dios lo disponía-.
Tras nueve meses de gracia, / en plenitud mantenida,
ha de nacer en Belén / el anunciado Mesías.

Nos corresponde esperar / con reverencia debida
el sacro acontecimiento / que el profeta presentía.
Esperanza es la palabra / y la actitud que ilumina
en este tiempo de Adviento, / como señal de acogida.

Para acertar en la espera
y el sentir que glorifica
nos puede servir de aliento
el silencio de María:
misterio en línea de fuego,
tensión de paz y armonía,
y revestir el espíritu
de una sublime sonrisa.

# El viaje del júbilo

Visitación de la Virgen María a su prima Isabel

\*\*\*

Tras el anuncio del Ángel
por orden de Dios eterno
de fijarse en una Virgen
y formar carne en su cuerpo,
María toma conciencia
del dulce acontecimiento
y en arrebato de alma
-¡corazón de mensajero!-
afronta con entusiasmo
la procesión del Cordero.

"Llena de gracia" y ventura, / pues Jesús ya vibra dentro,
ha de darlo a conocer / apurando bien el tiempo.
Inicia el viaje del júbilo / con el fruto del misterio.
Corre deprisa a Ain Karen, / lugar de camino incierto,
a visitar sin demora, / con lucidez y sin miedo,
y comunica a Isabel / (unidas en parentesco)
el detalle que Dios Padre / ha tenido desde el cielo.
Con el soplo del Espíritu / ha escrito su mejor verso:
engendrar en sus entrañas / a su Hijo Predilecto.

Cuando María saluda / y expresa que lleva al Verbo,
Isabel se regocija, / salta su hijo en su seno
y sendas madres comparten / el delicioso momento:
Isabel canta una nana / inaugurando el Adviento;
María eleva su alma / con lo mejor de su acento
a la gloria de Dios Padre / con sublime sentimiento.

Misterio de gratitud,
de alegría y gozo pleno;
expansión en ambas madres,
sentido de Dios... y encuentro.
Preludio de salvación
por voluntad del Eterno.

## Fiesta de la Asunción

Mañana densa de agosto
de primores y festejos
de esperanzas expansivas
y mensajes de embeleso,
porque en la tierra los hombres
y los ángeles del cielo
hacen mención en el alma
-en virtud de un aire fresco-
de la Madre Inmaculada
en uno de sus misterios.

Este año no hay dulzainas, / ni redobles en los pueblos,
pues estamos bajo el virus / con dolor y desconcierto.
Pero nada nos impide / compartir nuestros desvelos
con las estrellas más altas / donde remansan los sueños,
para alumbrar el camino / e iluminar los anhelos.

Es la Asunción de la Virgen, / fiesta de lujo y ensueño,
con referentes de gloria / en llamaradas de fuego
y aroma de lirios blancos / que el corazón más inquieto
percibe con entusiasmo / como un enjambre con eco
que desplegara en el aire / las bondades del encuentro.

# Fiesta de las Candelas

Presentación de Jesús en el Templo

"La Fiesta de las Candelas"
en expresión de los pueblos
tiene un sentido de gozo
con alcance manifiesto:
es bendición de María
por el sublime misterio
de ser la Madre de Dios
en la tierra y en el cielo.

"La Fiesta de las Candelas"
es testimonio sincero
de fidelidad a prueba
y humilde sometimiento
a normas y tradiciones,
con hondura y buen criterio.

Los padres, José y María, / llevando a Jesús al Templo
aparecen distinguidos / con parabienes y aliento,
para compensar desaires / que hace unos días sufrieron.
"La Fiesta de las Candelas" / es -ante todo-, el encuentro
de Jesús -¡luz esplendente!- / con la gente de su pueblo,
para que en todos nosotros / -de corazones inquietos-,
por la fuerza de la gracia / prenda su llama en silencio
y como fuentes de luz / y conciencia de sarmientos
llevemos paz a los hombres / en estos graves momentos.
A semejanza de Ana, / servidora a tiempo pleno,
y el anciano Simeón, / "hombre justo y verdadero",
bendecimos a Dios Padre / con tonadas de misterio:
Mis ojos y el corazón
por inmenso privilegio
han visto a su Salvador
en la quietud que ahora siento;
morir puedo ya en la paz,
la paz de un noble concierto.

# Flor de Galilea

En el arroyo y el mar
sienten los niños belleza
de campo y valle sereno
por su candor y limpieza.
Los mayores en edad
y diestros en experiencia
recitan ciclos de salmos
y mantienen las promesas.

**Nazaret** es el lugar / y punto de referencia:
un pueblo humilde y tranquilo / poblado de sol y fiesta,
remolino de palomas / por sus casas pintorescas,
remanso de tradiciones, / semillero de inocencia.
Es el enclave escondido,
lugar de cruce y veredas;
la vida discurre en paz,
la esperanza siempre abierta.
De entre los muchos encantos / que **Nazaret** representa,
el primero es haber sido / cuna blanca en grandeza
y atalaya universal / de la **Flor de Galilea**.

Nido tierno de **María,**
aurora de primaveras,
con los pliegues del Espíritu
y el corazón por bandera.

**María,** de ojos azules,
bajo su frente morena,
anuncia gloria y ventura
al filo de las estrellas,
desde que el Ángel de Dios
a ella se dirigiera
en misterioso mensaje:
"Bendita y de gracia llena".
Dios te admira y te fecunda.
**María**, ¡canta y no temas!

La belleza de los campos / y el verdor de las higueras,
los lirios en su blancura, / la bonanza de las cepas,
los trinos en la campiña / y el rumor de las abejas,
el vuelo de las palomas / como signo de clemencia...
encantos son primorosos; / ninguno gana en nobleza,
luz de cielo y hermosura, / a *la joven nazarena:*
cantora de soledades,
poetisa de alma inquieta;
sagrario de hondos silencios
con destellos violeta;
impulso de peregrinos,
¡virgen fecunda en esencia!
Alma de nieve y cristal,
musa blanca de poetas,
María de Nazaret,
¡Virgen pura y Madre plena!

## Instante sagrado

Tras el anuncio del ángel...
-con el debido respeto
y ferviente devoción-,
te expongo mis sentimientos,
en esta sagrada espera
de celebración y encuentro.

Dejo a un lado mis afanes. / Entre los muchos recuerdos
que de tu hermosa figura / en mi memoria mantengo,
evoco uno entre tantos: / sentada a favor del viento,
junto al dintel de la casa, / con indecible contento,
recogida en la mirada, / sumida en tus pensamientos...
en una tarde apacible, / de tensión y advenimiento.

La gracia que te acompaña,
sin tú apenas entenderlo,
se expande en aroma suave,
como la flor del almendro:
en deslumbre se desliza
-de tu corazón inquieto-
una sonrisa apacible
ante el mensaje del Verbo
que ha dejado en la mañana
el Arcángel mensajero.

Amasas en Dios tus planes,
configuras tus anhelos
y con la paz en el alma
-en elocuente silencio-,
te detienes a mirar
el cauce del riachuelo;
agua que corre saltando
y fecunda los cerezos,
los prados y las higueras
por grandioso privilegio,
agua viva en esperanza
que brota y discurre dentro.

"¡Orgullo de nuestra raza!" / En plenitud de los tiempos,
con tu vientre enaltecido / por la fuerza del misterio,
alientas nuestras acciones / y el vigor de un 'hombre nuevo'
con esperanza expansiva / y luz a los cuatro vientos,
al descifrar tu mensaje / con el brillo de altos vuelos.

Nos dejaste un SÍ rotundo
-prendido en humilde gesto-
con claridad en la mente
y un corazón de embeleso,
como una fontana limpia
reflejada en un espejo.
María, "de gracia llena",
sin postularte modelo,
has abierto al ser humano
los caminos para el cielo.

## La sonrisa de María

¿Quiénes podrán describirme,
en prosa y con melodía,
la sonrisa transparente
y el encanto de María?

Grave firmeza de labios, / como panal que destila;
pura el alma, inmaculada; / llena de gracia y bendita;
sus ojos -¡qué bellos ojos!-,... / y en su porte la armonía,
sin olvidar que sus manos / son manantial de caricias...

Si los rasgos virtuosos / que transmiten los artistas
nos descubren un retrato / muy cercano de María,
no es posible definir / el fulgor de su sonrisa.
¿Quién me diera contemplar / con sosiego y sintonía,
la mente y el corazón / -con la mirada festiva-,
que enamoró al Creador: / "sin pecado concebida?".

La pureza y hermosura
de un alma blanca y sencilla
que se asoma en la mirada
hasta grados que fascina
y se dibuja en los labios
cuando con cariño mira...
puede que sirva de alivio
como el fruto de la espiga
cuando el tallo reverdece
con la savia y energía...
pero nunca y nadie alcanza
con precisión y medida,
ni es posible describir
por sublime, pura y limpia,
-a la par que embriagadora-,
la sonrisa de María.

## Limpia y pura

¿Dónde encontrar la palabra
pertinente y el concepto,
con imágenes puntuales
-transidas de sentimiento-,
para definir tu alma
superado el embeleso?

Limpia como el alba; pura...
bella como flor de almendro,
cual aurora en la mañana
que no se ciñe a unos versos.

Transparente en la mirada,
así te dibuja el cielo,
en sublime consonancia
con la tersura de un beso.
"Llena de gracia y belleza"...
reconoce el mensajero.

Todo el encanto que tienes, / según reconocimiento,
se debe a que fuiste humilde / como aroma de romero,
o llama de cera virgen / que conmueve al universo;
dócil como un lirio blanco, / sensible en graves momentos;
eres el sueño de Dios / por sublime privilegio.

Pura y limpia, inmaculada...
en el anverso y reverso;
con realce de belleza
singular en alto vuelo.
Predestinada en origen
para ser Madre del Verbo;
por ello fuiste bendita
y por esto asunta al cielo.

## Llena de gracia. Inmaculada

En clave de salvación
apareces limpia y pura,
"llena de gracia" y ternura
por tu humilde condición,
tu alabanza y tu misión.
En esta "historia sagrada"
como Madre y abogada,
de gracia y primores llena,
líbranos de culpa y pena
en nuestro huerto arraigada.

# Luz del alba

Desde la Ribera / del río de Haza
cruzan las palomas / de mi tierra parda
-gozosas y raudas- / en busca del agua;
agua de la fuente, / de la fuente clara.
Como las palomas, / otras aves mansas
que habitan mis pagos / en suave crianza
se acercan sedientas / en busca del agua,
agua de la fuente, / de la fuente clara.
Todas estas aves / que vuelan y cantan
traen a la Virgen / flores en sus alas
como ofrenda simple / en busca del agua;
agua de la fuente, / de la fuente clara.

Unas, margaritas;
otras, "luz del alba";
lirios y claveles,
petunias y dalias;
orquídeas brillantes
y la jara blanca.

Y algunos chiquillos, / encendida el alma,
imitan el gesto / en busca del agua...
para la Señora, / Virgen de alta gracia,
que al ver tanta fiesta
(sin mediar palabra)
bendice a las aves.
Y a las almas blancas
-con perfil de Madre-,
los besa y abraza,
saliendo a su encuentro
para darles agua;
agua de la fuente,
de la fuente clara.

## María, cristal de alas

Santa María ha nacido
en luna llena y callada,
como reflejo del mar
-mar cumplido de bonanza-
por el aliento divino,
llena de vida y de gracia.

Concebida sin pecado / y sin señales de mancha;
limpia de toda impureza, / por designio liberada
como un destello de luz / en un lago de montaña.
María nació de Dios, / de sus manos y alianza:
pura, radiante y hermosa; / luceros en la mirada,
lirios blancos en la boca; / en su alma, inmaculada;
y en su noble corazón / (con ternura en abundancia)
los acordes de la paz / abiertos a la esperanza,
sentimientos de justicia / y estrellas en alborada.

María nació de Dios, / llena de vida y de gracia:
pan sabroso es su regazo, / suave brisa para el alma,
aurora para los pobres, / alivio de penas amplias,
verso de luz y de gloria, / tornavoz de la Palabra.
Remanso en pura sonrisa;
María, cristal de alas.

## María, fantasía en gracia

Fantasía de luces y alboradas.
Una mujer vestida de inocencia,
al alcance del hombre en decadencia,
armoniza estructuras malogradas.

Asombro de alianzas anunciadas.
Sueño de Dios en alta providencia...
María es la mujer en transparencia,
sosiego de inquietudes enfloradas.

Su silencio es reclamo en la espesura
para el joven inquieto y peregrino
que arriesga en su interior por la ternura.

Es deslumbre de luz en el camino.
Si te ves sumergido en 'noche oscura',
acudir a la Madre es lo genuino.

## María, 'la sola esclarecida'

No intento adivinar tus veladuras,
tus dotes y virtudes, diseñadas
en la mente divina y bien trenzadas
para asiento del Verbo sin fisuras.

Tu alma y tu misterio en las alturas
sorprende con visibles llamaradas
a los miembros de 'escuelas consagradas',
que esbozan tus sublimes singladuras.

Es fiesta de "la sola esclarecida",
"mujer fuerte" arropada en tanta gloria
por el sol y la luna revestida.

¿Será el hombre -consciente de esta historia-,
quien olvide el sentido de la vida
y retire el ardor en su oratoria?

# María, madre doliente

Cuando Cristo en el Calvario
hubo muerto..., ya sin vida
lo bajaron los amigos
y en reverencia sentida
le dieron mejor amparo
en los brazos de María.

No cabe mayor dolor / para una Madre sencilla
que tener al Hijo muerto, / con la mirada y sonrisa
secuestradas por tres clavos / en el "Árbol de la Vida".
María quedó en silencio, / sola, triste y dolorida
y en supremo afán de altura, / con el alma enaltecida...
(aunque su cuerpo sufriera / y apareciera abatida),
su mente voló a los cielos / como fragancia encendida.

El SÍ que a Dios ofreciera / siendo apenas una niña,
lo renueva sin palabras / y con sangre lo rubrica.
Con sentido de esperanza / y alta tensión peregrina
aplaca el dolor profundo, / esponja el alma florida
y le ofrece en sacrificio / -en sublime disciplina-
el cuerpo del Hijo amado / a la Trinidad divina.

María, Madre doliente:
la humanidad redimida
que el Hijo en Cruz te ofreció,
siente el dolor y te admira,
te rinde honores de gloria
y se muestra agradecida.
"Vida, esperanza y dulzura
del alma que en ti confía".
María, Madre doliente,
"llena de gracia y bendita".

# María, resplandor en llamarada

Hay un latir de sonrisas,
que en dulce juego de alas
y en armonía de luces
se expansiona y se decanta
con el "tiempo en plenitud"
y promesas restauradas.

¿Será el ángel mensajero / que ha sembrado su fragancia?
Más que el ángel, es María, / sumergida en la plegaria
tras el anuncio sublime / del Señor de la Alianza.
María, joven y hermosa: / después que Gabriel pasara
con la noticia solemne, / vengo a llenarme de gracia
con que Dios te ha bendecido / en esta misma mañana.

Si permites que te diga
con mi gesto y de palabra,
sólo quiero estar contigo,
descansar en tu mirada,
madurar mi pensamiento
y reconciliar mi alma.

Vengo cansado de ruidos,
sediento de fuentes mansas,
con inquietudes profundas
que no acierto apaciguarlas...
Requiero de ti, en silencio,
buena dosis de esperanza.

Si alivio mi sentimiento / con una nueva alborada
podré unirme a tu alegría / por el mensaje de Pascua
y entonar mi admiración / en tu mismo pentagrama.

María, Virgen humilde:
en tu presencia se aclaran
inquietudes y congojas
que en el dintel de la casa
han quedado protegidas
al albor de tu ensenada.

En tu presencia y amparo / al ritmo de madrugada
puedo en crisol de misterio / perfilar todas mis ansias
y abrir el alma a la luz, / con tensión glorificada.

La ternura de una Madre
por Dios bendita y amada
colma el corazón del hombre
de luz, de paz y de gracia.

María de Nazaret
es la estrella inmaculada
que en Jesús resucitado
resplandece en llamarada.

## María, vidriera de Dios

Por vocación de luz preconcebida
representa un panal de gran belleza
en clave de colores y limpieza
con sentido de cuna en nuestra vida.

María es transparencia sorprendida
en un juego de luces y pureza;
arco iris de primor y sutileza,
milagro de cristal en paz crecida.

Si quieres descansar de veleidades
y acceder al misterio con audacia
acude a la mansión de claridades.

Vidrieras con mensaje de ternura
remansan al espíritu en la gracia
con perfiles vibrantes de hermosura.

## Mensaje en el anuncio

En esta Cumbre de Atletas
-compañeros de fatigas-,
nuestra gloria y compromiso
como punto de partida,
es escuchar el mensaje
que nos llena de alegría.

"Alégrate" es la Palabra / y actitud que nos invita
a expresar el sentimiento / al alba y al mediodía,
con el gozo más rotundo / que genera la armonía
de la Pascua del Señor / en su aportación divina.

Es el mensaje sublime / que el Ángel de Dios envía
al Pueblo de la Alianza / representado en María.

"El Señor está contigo":
saludo de paz precisa,
no es optimismo forzado,
ni es una simple sonrisa,
es confianza absoluta
y felicidad cumplida,
con sensaciones internas
de amorosa compañía
de Dios, en el recorrido,
como aval y garantía.

"No temas" -en consecuencia-; / alza la frente y camina.
¿Soledad? ¿Indiferencia? / ¿Persecución a porfía?
"No temas" y sé valiente. / El miedo ahoga la vida,
impide iniciar proyectos / y las fuerzas paraliza.

"Tienes gracia a tu favor".
Es una nueva consigna
para llenar inquietudes,
con lo que esto significa.

Si Dios está de tu parte,
y de su mano caminas...
los obstáculos de turno
que en tu corazón incidan
los pasarás con holgura
según la fe clara y limpia.

# Niña de alta gracia

Cuentan y dicen los viejos
-notarios de historias claras-,
que hubo una vez en el pueblo
una Niña con tal gracia,
desenvoltura y encanto
que a todos enamoraba.
Como un lucero en la vida,
candor de cielo en su cara,
con su sonrisa inocente
a la gente iluminaba.

En las tertulias al aire,
en el campo y en las plazas,
era frecuente escuchar
los dones de la muchacha;
al punto que, sin querer,
se convirtió su "alta gracia"
en pista de referencia,
emulación y guitarra.

De pronto y por sorpresa,
surgió la noticia santa:
la Niña de aquellos sueños,
nuestra estrella de esperanza,
la elevaron entre nubes
de aromática alborada
al espacio de la luz,
donde descansan las almas.

La Niña, canción de cielo,
con singladura sagrada,
bendice a los peregrinos
que ríen, sueñan y cantan.

## Para verse con la Virgen

Para verse con la Virgen
entra un devoto en la cueva.
Ansioso busca la Imagen,
la saluda y reverencia.
La oración que él aprendió
en catequesis y escuela
para rezar a la Madre
-ya mayor-, no la recuerda...

Ha de acudir con empeño
a una fórmula directa;
más sencilla y razonable,
escuchada sin reservas
por la noche al acostarse,
a su madre y las abuelas.

"Cuando te sientas cansado / por afanes de esta tierra
-le decían con fervor / y admirable transparencia-,
es justo y bueno que reces, / que pidas a Dios su venia
y le digas a la Virgen / que en su regazo te tenga.
Con lágrimas en los ojos, / como dos preciosas perlas,
haces memoria en la mente / y rearmas tu conciencia.
Recitas las oraciones / y le pides que interceda.
Si tu Madre está en la gloria / necesitas sorprenderla
con la mirada inocente / y las palabras más tiernas.

Para hablar con una Madre
y comentarla tus penas,
basta que guardes silencio
y..., con alma limpia, creas.

# Paz en despliegue de sonrisas

Virgen de la PAZ

Hoy no te traigo, Señora,
de los niños sus caricias,
el pulso de los mayores,
ni la inquietud definida
de los jóvenes de raza,
que es mi gente más querida.
Tampoco puedo ofrecerte
en sugerente hornacina
la quietud de los ancianos
en tensión agradecida.

He de acudir a otras fuentes / con valor de cortesía
para llenar el vacío / de las "flores a porfía":
traigo trinos de arboleda / y fragancia de resina;
caracolas de alta mar / y ramos de verde oliva;
zumbidos de las abejas / en serena algarabía,
al socaire de la nieve / saltando de cima en cima.

Con la voz entrecortada / y mi alma estremecida,
quiero elevar la plegaria / por mi gente a la deriva.
Con un cántico en los labios / y acordes en armonía,
vengo a pedir tu ternura, / comprensión y gracia viva,
para que siempre florezca / entre gestos de alegría
la paz que todos los hombres / con urgencia necesitan...

Esa paz que tú recoges
y en forma abierta prodigas,
al mecer a tu Hijo en brazos
con despliegue de sonrisas.

## Silencio, misterio y gracia

¿Qué silencio es ese,
María, que guardas
en el aposento
de tu misma casa?
¡Quién me diera verte..., / Mujer de alta gracia!
Cuando llega el Ángel, / recogida estabas.
Dicen los poetas / con versos de alianza,
que todas las flores / -al nacer el alba-,
eligen colores, / formas y fragancia
al ver que tu rostro, / como fuente clara,
exhala perfumes / de altísima gama:
un enjambre rico / de verde esmeralda.

¡Qué misterio escondes,
mi Paloma Blanca;
quién me diera verte..., / María, en tu casa!
Si busco ternura, / sosiego y bonanza,
y quiero descanso / que alivie mi alma,
no puedo olvidarme / que tienes palabras,
sonrisas, abrazos / y tierna mirada
para quien se acerca / -simple en la plegaria-
con acento suave, / lleno de esperanza
y mira tus ojos / de belleza santa.

¡Qué colmena vibra,
María, en tu cara;
quién me diera verte, / Madre Inmaculada!
Peregrino fuerte, / que montes escalas:
asciende a las cimas, / aquéllas, nevadas;
tierra de promesas, / cumbres elevadas...
Recoge azucenas, / matiz escarlata,
para que en la tarde / puedas presentarlas
en ramo de ofrenda / al son de campanas.
María, la Virgen, / camina descalza
junto a aquel que reza / oraciones y canta
-corazón inquieto / y los pies en danza-,
cultivando amores / con raíz sagrada.

# Sueño de María

Al son de la vida

Se agosta la tierra,
la flor se marchita;
hay sombras intensas
(con lo que ello implica)
y señales claras
al son de la vida.

Con incertidumbre
los hombres caminan.
Yo le pido a un niño
su blanca sonrisa.

Aparece un ángel / y anuncia a María:
Dios te quiere Madre / en gracia bendita.
Jesús, hecho hombre, / en la amanecida
nace en una cueva / sin luz y a escondidas.
Y canta romances / la gente sencilla:
Ha nacido Dios / -"sueño de María"-.

Renacen los campos
en luz y armonía,
estrellas lucientes,
primavera limpia.
Dios está en la tierra;
en la misma orilla...
Vuela una paloma
con paz presentida.
Le canto una nana
al son de la vida.

## Virgen de los Ojos Grandes

Plegaria

Hace tiempo,... mucho tiempo...
sufro en mi vida nostalgia
por un episodio en sombras
que vino a romper la calma.
He revisado hojas muertas
en el otoño del alma
y descubierto en la cumbre
-en la paz de la besana-,
tus bondades envolventes
con reflejos de oro y plata.

Virgen de los Ojos Grandes, / que a los humildes ensalzas;
Madre de Dios, Madre mía, / que nos acoges y abrazas
en un gesto comprensivo / absorbiendo nuestras faltas.
Reina que a todos invitas / a la celestial morada.
La sonrisa de tus labios, / el arrullo en tu mirada
y el cobijo en tu regazo... / colman de luz y de gracia,
Virgen de los Ojos Grandes, / fuente dulce de agua clara.

Hace tiempo,... mucho tiempo...
-huidizo en la distancia-
que no canto al sol naciente,
como la alondra enjaulada.

Virgen de los Ojos Grandes,
Madre buena de alta gracia,
limpia mis ojos cansados
con destellos de esperanza
y el encuentro misterioso
-junto al lago y unas brasas-
de Jesús Resucitado,
"fruto bendito" de Pascua.
¡Virgen de los Ojos Grandes!, / confidente en la plegaria:
quiero que acunes mis sueños / con la luz de tu mirada.

# Virgen peregrina

¿Dónde vas, Santa María,
con mensaje de alegría?

En instante transcendente
Dios solicita a María
lo que en el cielo tenía
proyectado ya en su mente
y en su corazón ardiente:
glorificar la ternura
en gracia y en hermosura...
Y en clara predilección
de belleza y corazón
le anuncia a la Virgen pura.

¿Dónde vas, Santa María,
con mensaje de alegría?

Al verse "de gracia llena"
y en plenitud de armonía,
decide viajar María
en candor y amores plena
como viaja una colmena.
Con admiración y urgencia
y en sublime transparencia
visita a Santa Isabel
y le anuncia que Gabriel
ha venido a su presencia...

¿Dónde vas, Santa María,
con mensaje de alegría?

**7**

**Advocicones y santos**

*Testigos del Resucitado*

# Augusta paloma blanca

*Virgen de La Vid*

Fina escultura de piedra
en hornacina dorada;
por corazón, un diamante
y una estrella en la mirada.
Has de velar tú mis sueños
-Madre buena, Virgen Santa-,
hasta llenar mis afanes
recogido en la solana.

Cuando te vea en el parque,
Augusta Paloma Blanca,
puedo acercarme con gozo
para descanso del alma
y compartir la alegría
al son de luna callada.

Emperadores y reyes / de nuestra querida España,
gente sencilla y devota / con sentido de plegaria,
los monjes con su salmodia / al toque de la campana,
los músicos y rapsodas, / poetas de la palabra...
en concierto providente / y abiertos en alborada
recurren a tu regazo / y alimentan la esperanza.

Con todo el fervor posible
y sentimiento de llama,
mi canción en esta tarde
con regocijo de Pascua,
quisiera rendirte honores
como merece tu gracia.
He de apurarme en silencio
-con humildad- a tus plantas
y pedirte bendiciones
al calor de nueva alianza.

# Dos corazones en flor

Madre del Buen Consejo

Con leyendas y 'sentires',
Madre de Amor y Consejo,
concitas a los devotos,
anuncias un fiel proceso
y empiezas a desvelarnos
el alcance de tu verso.

Blanca paloma de vida / en un delicioso encuentro:
la Madre acaricia al Niño / con el calor de su pecho
y mirada indefectible / en un admirable gesto;
el Niño le corresponde / con su manita en el cuello.
Dos corazones en flor... / ¡María del Buen Consejo!
En la plegaria ferviente / a diario y con apremio,
son muchos quienes la invocan, / peregrinos del Dios bueno:
danzan, aplauden y rezan / con fervor y sentimiento.

La Virgen es energía,
fuente de luz y consuelo;
deslumbre de la ternura,
unción de gracia y aliento;
firme remanso de paz,
sensibilidad al viento,
sentido de cuna y hogar.
Por su sonrisa... mis besos.

Si en disposición humilde
evocamos "el encuentro"...
alivio del alma y gracia,
paz y quietud y silencio
con la mirada en "La Madre".
¡María del Buen Consejo!

# El encuentro con María

Canto a una tierra que entiende
de imperiosas profecías
y se desgrana en elogios
-en canciones de alegría-
a una hermosa criatura,
la más bella a simple vista.

¿Quién no conoce su estrella? / Imaginadla sencilla;
soñadla de gracia llena / y amadla, cual golondrina
que extiende sus altos vuelos / en despliegue de armonía.
En el aire hay sensaciones / de fragancia que ilumina,
pureza en grado supremo / y un atisbo de luz viva
que crece según se acerca / y se expande con la brisa.
Cuando el amor se detiene / y dibuja una sonrisa
con una mirada clara / y un gesto de simpatía...
crece en el alma su imagen / agraciada, pura y limpia.

Deja que crezca el encanto
y se esponje tu alma herida,
en un silencio de luces
como madura la espiga.
Es tu momento de gloria...
El encuentro con María.

# El robledal de leyenda

Me informa la buena gente
en tertulias de la vida
que hubo una vez en el pueblo
-en tiempos de Reconquista-,
un suceso *"milagroso"*
que recogen los cronistas.

El Séptimo rey Alfonso / cuidaba de hermosas viñas
en el *"lugar de la vid"*. / Según todos atestiguan,
era zona de recreo / por sus muchas maravillas,
como descanso y solaz / de batallas y conquistas.

Con su corcel y sus armas / -*la caza le entretenía*-
salió a ojear los montes / por su afán de cacería.
Después de un tiempo anodino / (pues ni una pieza salía),
le sorprendió gratamente / una cierva esclarecida.
Puso al caballo en tensión / con espuelas y las bridas,
mas no era fácil seguirla / al ritmo que ella imponía;
la cierva de referencia, / al sentirse perseguida,
brincaba con tal soltura / que en minutos de porfía,
alcanzó como refugio / una cueva ennegrecida.

Al llegar el rey Alfonso
con toda su comitiva
y las armas preparadas...
entre malezas y espinas,
una luz resplandeciente
y en figura femenina
hizo que el rey depusiera
su actitud de gallardía
y, ante el asombro de todos,
doblara sus dos rodillas.

Aparece ante sus ojos / **una imagen de María**,
singular por su belleza / y el encanto de una niña,
mirada dulce y profunda, / con ojos rubios de espiga,
con destellos de elegancia / y el valor de la sonrisa.

El rey cristiano saluda / en sincera pleitesía
y relega sus afanes / y gustos de cetrería
para recibir y honrar / a **la Madre**, que le hacía
obsequio del corazón, / a la vez que le pedía
le construyera una casa / en que habitar, bendecida,
en el lugar del encuentro: / **la cueva será su ermita.**
¡Azul de cielo el Vallejo / y una fuente de agua viva!

Desde tiempos muy remotos,
llamados "La Reconquista",
se mantiene en la memoria
de trovadores flautistas,
fervorosos peregrinos,
soñadores eremitas,
estudiosos de la historia,
poetas, gente sencilla...
esta tradición gloriosa
del hallazgo de María
en un robledal de ensueño
y hoy... lugar de romería.

# En los márgenes del Ebro

Virgen del Pilar

Hay movimiento de alas
en los márgenes del Ebro.
Las aguas vienen cantando
aleluyas en concierto.

Al aire suenan acordes / engastados al Misterio,
que Santiago peregrino / difunde con grave acento.
Guardan reposo las aves, / remansan en luz los cielos.
María en grave presencia, / con asombro y embeleso,
aparece entre las nubes / sobre 'columna de fuego'.

Cantan ángeles con gozo,
compitiendo en sus desvelos:
"Ave, celestial María"...
en los márgenes del Ebro
y el mensaje de la Virgen
se magnifica con eco:

'Queridos fieles de Pascua, / ungidos por el Maestro:
esta columna de mármol / simboliza tiempos nuevos.
Os mantendré con firmeza / como la cepa al sarmiento.
Abriréis el corazón / y edificaréis un templo,
donde rindáis homenaje / con flores, salmos y versos.
Mi promesa se establece / hasta el final de los tiempos'.

Pliegan alas serafines, / en reverente respeto.
El agua sigue su cauce, / Santiago guarda silencio.
Y la Virgen del Pilar,
con 'fragancia de altos vuelos',
fortalece a los devotos
y ampara con privilegio
bendiciones de alta gracia
en los márgenes del Ebro.

# Fuente de la Cueva

Mujeres ancianas,
jóvenes risueñas,
hombres de campo
y niños de escuela...
todos van pasando
-sin tregua de espera-
por la fuente dulce,
Fuente de la Cueva.

La Virgen trasmana / licor de pureza,
cuando ve a su gente / devota y se acerca
en busca del agua; / gente noble y buena
que entona plegarias / a sus pies y reza.
¡Qué bello el encuentro / de gente sincera!,
junto al manantial / de nobles esencias.
El agua se duerme / y el mirlo se acerca
cuando el arroyuelo / amplía su senda.

El sauce que cubre / de sombra la escena
guarda los secretos / en el agua fresca
que en silencio de oro / se desliza y sueña,
hasta los trigales / en forma discreta
y también -¡es claro!- / cuida nuestras cepas:

Sueños e ilusiones
de finura intensa;
racimos de uva
en tosca bodega;
espigas gentiles...
pan sobre la mesa.
¡Nuestro pan bendito, / pan que a todos llega
en forma redonda / con vigor de estrella!

## María de La Vid

He podido mirar ensimismado
la belleza total de tu figura.
Contigo juega el sol; te transfigura
en halo emocional no prodigado.

Quince días al año han resaltado
el encanto del rostro en hermosura;
faz trigueña en sublime singladura
del sol, que regala un beso afinado.

María de La Vid, luz venerada
en horas de liturgia vespertina;
hoy vengo peregrino de tu brisa.

Remanso junto a ti, en tu mirada.
Mis sentidos y alma -en flor de harina-,
sonrosan al calor de tu sonrisa.

## Romance del niño cantor

Esta es la historia de un niño
reconocido en su pueblo:
si bien de pila era Antonio
le apodaban "El Jilguero",
por calidez en la voz,
su simpatía y aprecio,
su candor en la expresión
y su buen comportamiento;
decía templar matices
con prontitud y con celo.

Orientado por la madre, / devota y fiel a su credo,
Antonio, desde muy niño, / con filial asentimiento,
acude a la romería / y reza con tierno acento
a la Limpia Concepción, / en tierras de Castillejo;
lo hace con entusiasmo, / paz en el alma y sosiego,
motivado en su recinto / para que "le echara un beso"
a la "mamita", la Virgen, / protectora de sus fueros,
y descubriera el camino / que le llevaría al cielo.

Transcurre su edad infante / cultivando los afectos,
sus mejores impresiones, / su vocación de romero,
inquietudes más profundas / de contenido supremo.
Cuando ya es hombre libre / y recuerda fiesta y sueños
quiere acercarse a la Ermita / y renovar los encuentros.

Con regocijo descubre / el encanto de "El Vallejo":
suave zumbido de abejas, / aves rapaces, enebros,
tomillo, flores silvestres, / las cepas y sus sarmientos,
olor a hierba mojada, / trigales en crecimiento...
Las ruinas con resonancia, / quietud y calma, silencio,
leyendas del ermitaño, / historias para el ensueño,
agua clara en fuente limpia, / ocres y verdes intensos...
¡Deleite de los sentidos / y para el alma... embeleso!

Ha trepado por veredas / con el corazón despierto,
domina sus emociones, / apoyado en el misterio.

Con asombro, de puntillas / y retenido el aliento
penetra firme en la cueva, / donde él daba por cierto
**encontrarse con la Virgen** / y revivir tantos besos,
ilusiones y ternuras / amén de variados gestos
que acompañaba su madre / para tenerle dispuesto...

¿La realidad de infancia / no existía? ¿Era un sueño?
¿Cómo es que no está la Virgen / en su lugar, sino el hueco
donde cuentan los mayores / que se apareció primero?
Se siente solo y muy triste; / y llora su desconsuelo;
de pronto, llama y grita / a su Virgen, con denuedo;
y se queda ensimismado / a la espera del secreto.

Del fondo del Robledal
le llega un rumor intenso
con caracteres de brisa
que se le clava en el pecho.
Escucha enfervorizado,
cual si estuviera en el templo:
"La Virgen está contigo,
en tu sonrisa", y el eco
repite una y mil veces:
en tu corazón inquieto.
No entiendas que es ilusión,
es un firme privilegio
a tu sentido de fe
y tu canto de Jilguero".

# La Virgen de la Portería

"Janua coeli". Plegaria

Reina y Madre soberana,
Virgen de la Portería:
vengo cumplido en favores
como del tallo la espiga,
para cantarte victoria
con el Ángel, tu divisa:
"llena de gracia" y presencia
ante la audiencia divina.

"Janua coeli" se te nombra / en tu hermosa letanía:
"Puerta de entrada en el cielo" / cuando el soberbio se humilla
y el simple entona canciones / de agradable sinfonía
hasta adentrarse en tu alma, / Virgen de la Portería.
El magnate y el mendigo, / sabios y santos que brillan,
el que insiste en el combate, / el joven que no claudica,
los creyentes y devotos... / Todo el que lucha en la vida
con despliegue de inquietudes / y la lámpara encendida...
encuentra tu puerta abierta, / Virgen de la Portería.

Puerta Grande en la Ciudad
para aquel que no se rinda,
aunque el cansancio en la tarde
limite sus energías.
Puerta abierta a la ternura
en abrazo de acogida,
facilitando el ingreso
a todo el que en paz porfía...
Traigo ante ti sensaciones
rotundas y mantenidas
que Tú podrás bendecirme,
Virgen de la Portería.

## Virgen de la limpia sonrisa

Virgen de La Vid

Cuando en la tarde me encuentro
desfallecido en la vida,
necesitado de amparo
por razones de fatiga...
Vengo a mirarme en tus ojos,
Virgen de clara sonrisa.

Guarda secretos el alma / -como los tiene la espiga-
que no crecen en la sombra / sino a pleno sol del día;
me pregunto, ante el misterio / y me postro de rodillas
para pedirte el regalo / que cauterice la herida.
Vengo a mirarme en tus ojos,
Virgen de noble sonrisa.

Quiero sentir los halagos
y abrazarme a tus caricias
para calmar ansiedades
que en soledad no se alivian,
como no crece el almendro
en tierra sin margaritas...
Vengo a mirarme en tus ojos,
Virgen de tierna sonrisa.

No tengo un ramo de flores
que ofrecerte en mis visitas,
ni palabras interiores
que sostengan la armonía,
entre acordes disonantes
y gestos a la deriva.

Tu sonrisa es esperanza,
es encuentro y acogida,
fulgor de gracia y aliento;
en el calor, suave brisa;
tensión de luz en el alma
para quien canta y camina.
Por esto acudo a tus plantas,
Virgen de limpia sonrisa.

## Virgen del Lirio

En campo de luz florecen
los lirios, simples y bellos,
de forma que el peregrino
renace con su destello.

El pensamiento cristiano / intuye un amor intenso
en cada lirio del campo / por simbolismo y reflejos.
Virgen del Lirio sagrado, / crecida en tierra de espliego,
eres la gloria de Honrubia, / pureza de amor y fuego.
En un remanso de nubes / donde germina el romero
cantas fragancia a lo alto / con tu belleza y ejemplo.

Y cuando Dios reverbera / en tu alma y en tu verso
pronuncias un SÍ rotundo / a su plan de privilegio.
Virgen del Lirio elocuente / por tu virginal incienso
haz que en mi vida florezcan / los lirios, simples y bellos.

En tu recinto ermitaño,
junto a los pinos y enebros,
bendice con tu alta gracia
a quienes hoy te queremos
venerar con la plegaria
y el aroma del encuentro.

## Águeda de Catania

Águeda, mujer hermosa
en cualidades humanas,
deslumbra por su figura
y los adornos de gracia.
Nació en Catania (Sicilia),
isla importante de Italia,
de padres comprometidos
en la sociedad romana.

Joven vital y festiva / con talentos de oro y plata,
consciente de su atractivo / y su vocación cristiana.
Sencilla como paloma, / sin ser del varón esclava,
candorosa como un ángel / y una sonrisa de pascua;
inquebrantable en su fe, / animosa en la esperanza,
corazón fuerte en amores / y frescura en su mirada...

Por su belleza y encanto,
compostura bien cuidada,
no es extraño que muy pronto
en sociedad resaltara
y que el Procónsul **Quinciano**
prendido de ella quedara.
Quiso sin más cautivarla
con halagos y fragancias
y advertida nuestra joven
le repuso en forma clara:
'No pretendo ser dichosa / en esta forma profana
que me ofreces a porfía; / mi aureola es ser cristiana'.

Al prepotente **Quinciano**
la respuesta no le agrada
y por absurdo capricho
recurre a las amenazas;
no ha descubierto el pagano
las cualidades más altas.
**Águeda,** 'mujer fuerte'
en primores adornada,

para mantenerse firme
busca fuerza en la plegaria.

La tortura... es salvaje, / dura en dolor, inhumana.
**Águeda** resiste firme / -los dos senos la desgarran-
y persiste en decisión / al son de limpia palabra:
ha elegido por esposo / a ***Jesús***, que no defrauda.

Desfallecida en su cuerpo,
el espíritu se explaya;
y llega radiante al cielo
donde la esperan y abrazan.

Una mujer en despliegue
de cualidades al alza,
vence al tirano más fuerte
sin recurrir a la espada.

Águeda, virgen y mártir,
reposa hoy en ***Catania***
para admiración y honra
de cuantos la invocan y aman.

## Amigos de Dios. Testigos

Hombres y mujeres libres
-sueño de azul-, peregrinos,
que ante presiones bastardas
se advierten fortalecidos
y ensalzan al Dios del cielo
según manifiesto escrito,
asumiendo el grave riesgo,
con libertad de un buen hijo
y en entereza de alma
se enfrentan al desafío.

Las torturas que les llegan
en uno y otro sentido
enardecen su flaqueza,
quitan el miedo al peligro,
despejan nieblas y dudas...
y al sentirse incomprendidos
con conciencia clara y libre
-de cuál será su destino-
tienen a gala el recurso
de decidir por sí mismos.

En momentos alarmantes / que se pintan decisivos
estos hermanos de sangre / dan su sí definitivo:
aportan un cuerpo frágil / -que puede ser destruido-
y un espíritu inflamado / por gracia de Dios ungido;
dan testimonio de fe, / ¡amigos de Dios, testigos!

Su historial sobre la tierra
en el cielo queda inscrito.
Honores de luz al hombre
que muere a la Cruz prendido,
dibujando en sus heridas
estigmas de su bautismo.

# Carlo Acutis

Alma limpia

Alma limpia y transparente
como el sol de media tarde,
con madurez en los días
sin que nada le acobarde.

Cubre perfiles se ensueño, / tras una infancia admirable
y adelanta con soltura / etapas que pocos saben.
Ya en edad adolescente, / con decisión impecable
cultiva en su vida inquieta / las devociones 'troncales':
asombro de Eucaristía / y amor a la Virgen Madre
como alimento del alma / que en Dios solamente cabe.
Este enfoque en la piedad / reservado a los gigantes
sustenta sus decisiones / con pasión inquebrantable.

Dotado con privilegio / en las 'técnicas sociales',
con la soltura de un sabio / -y en el trabajo incansable-,
divulga a los cuatro vientos / las leyendas más notables
y advocaciones marianas, / expuestas en forma suave.
Y de pronto, aún muy joven, / quinceañero y elegante,
la enfermedad se incorpora / de manera insobornable,
y en poco tiempo de tregua / se instala firme en su sangre.

Cuando el dolor se apodera
de su cuerpo en forma grave
no desfallece su alma,
ni el aspecto en él decae;
bien advertida su mente.
-como ofrenda apasionante-
levanta a Jesús el duelo
con la sonrisa inefable
y muere en manos de Dios
en plenitud de coraje.

## Cecilia, Virgen y mártir

Pocos datos conocemos
del historial de Cecilia:
de padres nobles y ricos
y de cultura latina,
se distingue por su credo
y educación desde niña,
con talentos providentes
y en belleza esclarecida.

Parece que fue casada, / según algunos precisan,
sin olvidar preferencias / en su infancia ya elegidas.
Valeriano fue su esposo, / su compañero de vida:
un varón honrado y bueno, / como el racimo y la espiga.

Para Cecilia, el tesoro
primordial en su alma limpia,
era Jesús encarnado,
a quien cantaba a porfía
con singular entusiasmo
y excelentes melodías.

Cabe decir que fue virgen / y mártir, por Dios bendita;
dos títulos que la honran / y su persona iluminan.
"Virgen sensata y prudente", / de fe robusta y precisa,
hasta llegar al martirio / con su lámpara encendida.

El sacrificio de sangre
-que amor y fe significa-
es su corona de gloria
doblemente merecida.

La llama del Evangelio, / como fecunda semilla,
prendió con suave fragancia / en su alma peregrina.
Y en su corazón ardiente / -joven de amplia sonrisa-,
era el valor más profundo, / vivido con alegría,
en todo tiempo y lugar / por Jesús fortalecida.

Cecilia vivió en silencio
y en alabanza continua
su compromiso cristiano
como ofrenda matutina.

Gloria y honor de liturgia
y memoria agradecida
a nuestra Virgen y Mártir,
Santa Cecilia querida,
Patrona de quienes saben
de música y armonía.

# Heraldo del rigor

### San Bruno

Heraldo del rigor. Cartujo austero.
Elegiste un silencio insobornable,
como lema en tu vida venerable
cuando el mundo se aturde vocinglero.

El misterio de Dios, que en ti es sincero,
lo conviertes, Bruno, en razonable,
en flor de penitencia inquebrantable
y un estilo de vida harto severo.

La Palabra restalla en tu conciencia
y te inunda un sublime florilegio
pues sabes escuchar sin resistencia.

Ermitaño de fuerza asaz creíble
tienes alma de niño en privilegio
y un rotundo vigor indiscutible.

## Inés, virgen y mártir

"Inés, Inesita…, Inés"
canta el folclore, que anuncia
veneración por el nombre
y una gloriosa figura.
Esposa de Cristo, virgen
y mártir de fe profunda.

De acuerdo al sentir heleno / Inés significa "pura".
Virginidad y Martirio, / emblemas de gloria y lucha
que enaltecen su prestigio / con resonancias conjuntas.
Entre los muchos encantos / que en su corazón se anudan,
se distingue la alegría, / pues vive en tensión las nupcias
del alma con Cristo esposo: / luz, entusiasmo y dulzura.

Pretendida en matrimonio
por su candor y hermosura,
tiene ocasión de expresarse
y despejar toda duda
respecto a sus inquietudes
en cuestiones de ternura.

Cuando el bárbaro tirano / se interpone con locura
y pretende que su alma / se esfume como la espuma
ante amenazas de muerte / o halagos que la seduzcan…

mantiene firme la antorcha
sin temores ni renuncia.
Vanas serán las presiones
y las feroces torturas.
Inés recurre a lo alto
con su plegaria oportuna:
"Señor de cielos y tierra,
no permitas ahora y nunca
que mi alma desfallezca
y caiga en la noche oscura".

Con el apoyo sublime / de una fe clara y profusa,
Inés rubrica ante el pueblo / lo que el pueblo ya secunda,
integridad de costumbres / y compromisos, en suma:
fidelidad al Dios vivo, / aunque duela tal postura.

Santa Inés, Virgen y Mártir,
modelo de fe robusta:
intercede con tus dones
e ilumina nuestras dudas
ante Dios nuestro Señor
con una "canción de cuna".

## María Magdalena

"En el registro de vida
soy María Magdalena:
pecadora, penitente,
agraciada y misionera.

Tengo el recuerdo muy vivo / de haberle visto en tinieblas;
confundida y atrapada / por impresiones dispersas.
Vivía en forma difusa / en movedizas arenas,
con ansia de amores nobles, / sumergida en rara espera.

En un atisbo de fuego / advertí en mi cuerpo estrellas
en lucha tenaz y airada / bajo su inmensa grandeza.
Libre de espíritus vanos / que me tenían enferma
tuve la gracia en el alma / y una luz, su luz intensa.

Mi vida cambió de signo
bajo su guía maestra
por su mirada y sonrisa
en forma clara y expresa.

El corazón se expansiona,
cambia mi mente de ideas
y el cuerpo se regocija
en fragancia primavera.

Al sentir mi vida en calma
por su divina presencia
vivo gozosa y radiante
el amor, como una fiesta.

Y de pronto se oscurece
su horizonte y resistencia
y muere a manos del hombre
quien al hombre vida diera.

No tengo palabras claves / que traduzcan mi tristeza;
no más recuerdo que a solas / aguanté la enorme pena...
en silencio y aturdida, / con ansiedad y advertencia;
y un respiro de amor puro / por lo que él mismo dijera
cuando entre lirios del campo / anunciara su Promesa.

Y al alba del tercer día
con esperanza serena
la historia de mi Maestro
se convierte en Buena Nueva.

Noticia de luz radiante,
¡resurrección nazarena!
La sangre que ayer fluía
hoy es gloria sempiterna".

## Paz y sonrisa

Santa Teresa de Calcuta

"La paz comienza con una sonrisa",
decía complaciente y animosa,
con luz en su mirada, venturosa,
y en afanes de noble diaconisa.

El coraje interior -clara divisa-
configura su alma prodigiosa,
sensible a los más pobres y dichosa,
con anuncio pascual de profetisa.

"Mujer fuerte" en la Vida Consagrada,
Teresa de Calcuta es referente,
por Dios y los enfermos agraciada.

El rostro de Jesús en los dolientes
magnetiza a Teresa, enamorada
del hombre y el clamor de los creyentes.

## San Francisco de Asís

Trato afable y honesto en fortaleza
nos muestra san Francisco en la esperanza,
del mundo y de las cosas la alabanza
con fórmulas cargadas de grandeza.

Elocuente en presencia su firmeza
cuando acude al sentir de la alianza;
deposita en su Dios la confianza
y atiende al ser humano en su flaqueza.

Amoroso del sol y el agua pura;
para el hombre, cordial samaritano,
fiel amigo de Dios en su andadura.

El sentido de amor por el hermano,
le agiganta en el mar de la ternura
y le imprime 'carácter franciscano'.

## San Isidro Labrador

Quienes contemplan la historia
de los afanes del hombre
con sentido providente,
sin fijarse en precisiones,
no reparan en los datos
sino en la imagen más noble

Es el caso de este santo, / Patrón de los labradores,
venerado por los reyes, / los artistas y escritores,
que honran a San Isidro / con despliegue de aire joven,
por su alabanza a Dios grande / y el servicio a los más pobres.
La belleza de los campos / (el agua, el sol y las flores,
la brisa y la paz intensa, / el canto de ruiseñores)...
supo elevarla en su alma / al son de bellas canciones.

Y así, según la leyenda
que cuentan varios autores,
mientras el santo -en silencio-
repasa sus oraciones
para gloria de Dios Padre...
el ángel ara en su nombre
con la pareja de bueyes
los campos de los 'señores'.

Es el santo madrileño
protector de los más pobres
por su actitud solidaria,
su piedad en grado enorme,
la respuesta ante la vida
y alivio de corazones.
San Isidro Labrador:
recibe nuestros honores.

# Santo Domingo de Guzmán

*De Guzmán*, eres nombrado
-Domingo de Caleruega-
por señalar a la estirpe
sin olvidar a tu tierra,
en alusión a los padres
y tradición de nobleza.

*'Finales del siglo doce'* / (sin pretender centrar fechas),
pues los registros de entonces / no son los de nuestra era.
Fuiste muy pronto adiestrado / en formas de vida y letras,
bajo el amparo materno, / según general esquema:
disciplina y buen sentido / en la vida; y diligencia
en el alma -*por tu parte*-, / al calor de las estrellas.

En Gumiel de Hizán primero, / La Vid y luego Palencia,
fuiste en **Osma** ya aplaudido / por gravedad y prudencia,
hasta alcanzar canonjías / de singular referencia.

Lograste un nivel de altura,
de humanidad y experiencia,
y muy pronto tus virtudes,
entre otras la obediencia,
lograron entusiasmar,
en las más altas esferas.

(Emprendedor y valiente / -**la sencillez como emblema**-,
Domingo, hijo de Félix / y Juana, siempre en escena,
vivió en plenitud de miras / con hondura manifiesta
la compasión por el hombre / doliente, en clara respuesta
a la fe de sus mayores / y la gracia, en recompensa).

Mas tu alma no descansa / con deslumbres de apariencia;
quieres más; buscas sosiego / para aquietar tu conciencia,
que te postula a diario / la vocación misionera.
Cuando el sol te sonreía / con tensión de primavera
cambias de rumbo en la vida / para ejercer de profeta.

En misión reconfortante
de exponer la verdad plena,
vives centrado en la causa
del corazón de la Iglesia:
'Id a los campos oscuros
con determinada oferta,
donde se aplaquen mentiras
y la verdad reverdezca'.

De Guzmán, Santo Domingo
-nombre de gloria y de ofrenda-
a Dios y en Dios *'consagrado'*;
fundador en forma plena
de religiosos, *agentes
de la Palabra*, que templa
y al espíritu ennoblece
con sugerente grandeza.
Fiel devoto de la **Virgen**
-cual sostiene la leyenda-,
fue el primer inspirador
de una devoción sincera
a María del Rosario
en testimonio sin quiebra.

## Sencillez y canción blanca

Santa Columba de Sens

***Son tan escasos los datos***
que tenemos de esta santa
que es complicado en extremo
fechar su bella semblanza.

Según cuentan los cronistas
con rumores de agua clara,

tuvo de nombre **Eporita**;
familia noble y pagana;
junto al Ebro, en Zaragoza,
y de cultura romana.

Ya joven y decidida, / con inquietudes cristianas,
cambió de lugar y nombre: / **Columba será su gracia**;
en época de Aureliano, / en la región de La Galia.
No encuentra la paz que busca / con sentido de alabanza.
Después de mil avatares / y diversas circunstancias,
por fidelidad, **Columba** / moría decapitada.

Entre sus muchas virtudes,
estas son las que destacan:
claridad de pensamiento,
actitudes y palabra;
espíritu trascendente,
belleza de cuerpo y alma;
coherencia con su credo
por su armonía de Pascua.
**Santa Columba de Sens,**
en Francia martirizada,
dio muestras con entereza
de no arredrarse por nada.
Solo su cuerpo ha cedido
ante el golpe de la espada.

Su espíritu de '**paloma**'
-*por la sangre acrisolada*-
subió a los cielos gloriosa,
Virgen y Mártir sensata.
**Santa Columba de Sens:**
**sencillez y canción blanca.**

## ÍNDICE GENERAL

Prólogo, de Nicolás Castellanos .................................... 7
Saludo. Duerme el alma ............................................. 17
Temario. Mi bendición y plegaria ................................ 18
Justificación. Terapia del alma .................................... 19
Motivación. Leva el ancla, marinero ........................... 20

### 1. Creación
***Toda la obra de la creación constituye un poema***
**(Fray Luis de León)**

Abro el balcón ............................................................. 23
Aliento de aurora ........................................................ 24
Canción de aurora ...................................................... 25
Canto universal .......................................................... 26
Con una mirada clara ................................................. 27
Cosas sencillas, oh Dios ............................................. 28
Crecer con gratitud .................................................... 29
Cuando me hablen del mar ........................................ 30
Cumbres de alabanza ................................................ 31
El árbol que yo he plantado ....................................... 32
El arte de Dios ............................................................ 33
El eco providente ....................................................... 34
El Juego de las Palmeras ........................................... 35
El que no trabaja ........................................................ 36
El vuelo de la cigüeña ................................................ 37

Explosión de vida ........................................................... 38
Hermano sol .................................................................. 39
La tierra es nuestra vida ............................................... 40
La voz de la tierra ......................................................... 41
Los colores de la paz .................................................... 42
¡Luz! .............................................................................. 43
Luz del sentimiento ....................................................... 44
Música en la flor ............................................................ 45
Nana de la rosa ............................................................. 46
Necesidad imperiosa ..................................................... 47
No exijas peras al olmo ................................................. 48
Perfil de peregrino ......................................................... 49
Perlas de vida y cristal .................................................. 50
Ser feliz... ....................................................................... 51
Si el grano de trigo... ..................................................... 52
Sueño a sueño .............................................................. 53
Todo ser que alienta ... .................................................. 54
Tú, Señor, besas mi alma ............................................. 55

## 2. TRASCENDENCIA.
### *Un cierto sentido religioso* (Séneca)

A la vera de Dios .......................................................... 59
Abre tu fe a la plegaria ................................................. 60
Admiración y belleza ..................................................... 61
Afirmar el encuentro ..................................................... 62
Agua viva ...................................................................... 63
Al son de buenas acciones ........................................... 64

| | |
|---|---|
| Alborada | 65 |
| Alianza de amparo | 65 |
| Aquí estoy, Señor | 66 |
| Concierto en escalada | 66 |
| Aquí me tienes, Señor | 67 |
| Brille tu rostro | 68 |
| Buscar a Dios | 69 |
| Cantos de gloria | 70 |
| Censados en luz | 71 |
| Clamor de alborada | 72 |
| ¡Cómo definir el alma! | 73 |
| Compasión y servicio | 75 |
| Con el niño en su regazo | 76 |
| Coraje y resistencia | 77 |
| ¡Corazones a lo alto! | 78 |
| Creer es poder | 79 |
| Creo en el hombre | 80 |
| Cristo de humano dolor | 81 |
| Cristo de la sonrisa | 82 |
| Cruz, alivio de cruces | 83 |
| Cuando la muerte... | 84 |
| Cumbres de luz | 85 |
| Deseo de Dios | 85 |
| 'Dominad la tierra' | 87 |
| ¿Dónde está Dios? | 88 |
| El ángel de la luz | 89 |
| El aura de Getsemaní | 89 |
| El grito de Jesús | 90 |

| | |
|---|---|
| El monte del dolor | 91 |
| El paso procesional | 92 |
| En diálogo directo | 93 |
| En el campo crecen sueños | 94 |
| En la base del brocal | 95 |
| Encendida en gloria | 96 |
| Gratitud | 97 |
| Graves momentos | 98 |
| Horno de presencia | 99 |
| Imagen de Dios | 99 |
| La alondra y su canto | 100 |
| La belleza del espíritu | 101 |
| La fragancia del sarmiento | 102 |
| La mano siempre tendida | 103 |
| Leva el ancla, marinero | 104 |
| Ley de gravedad | 105 |
| Luz y vida | 106 |
| No aniden en un creyente | 107 |
| 'No sólo de pan…' | 108 |
| Paisajes de ensueño | 109 |
| Peregrinos de Santiago | 110 |
| Plegaria en la noche | 111 |
| Primavera del alma | 113 |
| Quién me diera… | 114 |
| Registros 'pascuales' | 115 |
| Remanso de ternura | 116 |
| Rescoldo de un creyente | 117 |
| Silueta de joven | 118 |

Sólo a ti te pertenece ............................................................ 119
'Tatuado en su mano' ............................................................ 120
Tengo en el alma una espina .............................................. 121
Tensión del junco .................................................................. 122
Un corazón solitario .............................................................. 123
Una explosión de esperanza ............................................... 124
Una fe sencilla ....................................................................... 125
Una intensa primavera ......................................................... 126

### 3. QUIETUD Y SILENCIO
*Aspiraciones del alma*

Alegría interna ....................................................................... 129
¡Alerta! .................................................................................... 130
Alma de poeta ....................................................................... 131
Anhelos de esperanza .......................................................... 132
Apostar por la lectura ........................................................... 133
Con alma serena ................................................................... 134
Descanso de inquietudes ..................................................... 135
El aura del desierto ............................................................... 136
El niño muere en silencio ..................................................... 137
En tu interior... ....................................................................... 138
Encuentro ............................................................................... 140
¡Gritos de paz! ....................................................................... 141
Homenaje de alta gracia ....................................................... 142
Inquieto peregrino ................................................................. 143
La experiencia del silencio ................................................... 144
La mesa está servida ............................................................ 146

La muerte del poeta .................................................. 147
Noble aspiración ...................................................... 148
Nunca jamás te acobardes ........................................ 149
Para alcanzar las estrellas ....................................... 150
Peregrino.................................................................. 151
¿Qué te inquieta, peregrino? ..................................... 152
Requeridos por la brisa ............................................ 153
¡Sembrar en campos floridos!................................... 154
Sosiego y esperanza ................................................ 155
Tensión de espera .................................................... 156
Valle del Silencio....................................................... 157

### 4. Convivencia
***El hombre es un ser sociable***

Acrisolada tensión..................................................... 161
Alégrate y respira ..................................................... 162
Amar y sentirse amado ............................................ 163
Ante el sufrimiento ................................................... 164
Ante una grave dolencia........................................... 165
Asumo la vida........................................................... 166
Brindis en el encuentro ............................................ 167
Cada día su afán...................................................... 168
Canción blanca ........................................................ 169
Cantar 'a fondo perdido'........................................... 170
Claveles en el alma ................................................. 171
Como los lirios del campo........................................ 172
Corazón cireneo....................................................... 173

| | |
|---|---|
| Coronavirus 14320 | 174 |
| Cuando amanece | 175 |
| Cuando se escriba la historia | 176 |
| Cuando sufrimos desdichas | 177 |
| Decisiones audaces | 178 |
| Desnudo en soledad | 179 |
| Despliegue de esperanza | 179 |
| Donde no alcanza la ciencia | 180 |
| El abuelo | 181 |
| El grano de trigo muere | 182 |
| 'El pan de cada día' | 183 |
| El perfil de los poetas | 184 |
| El vigor de una estrella | 184 |
| Emigrantes | 186 |
| En alas de amores | 187 |
| En el alma de los fuertes | 189 |
| ¡En marcha! | 190 |
| Encuentro en el parque | 191 |
| Falsas promesas | 192 |
| Fuerte queja en el silencio | 193 |
| Ganar el pan | 194 |
| Generación admirable | 195 |
| Habrá poesía | 196 |
| Hacer memoria | 197 |
| 'Hasta que duela' | 198 |
| Haz del presente una fiesta | 199 |
| He visto llorar a un hombre | 200 |
| ¡Horror en la tierra! | 201 |

| | |
|---|---|
| Impulsos de vida | 203 |
| Instante mágico | 204 |
| La palabra | 205 |
| La paz, tesoro en activo | 206 |
| La sonrisa del abuelo | 207 |
| La sonrisa del payaso | 207 |
| La verdad es el camino | 209 |
| La vida es bella | 211 |
| Lavarse las manos | 212 |
| Loa grande a la alegría | 213 |
| Los ritmos del saber | 214 |
| Marcar grandes niveles | 215 |
| Mientras el mundo dormita | 216 |
| 'No hay mal que por bien no venga' | 217 |
| No me cuentes… ¿para qué? | 218 |
| No me preguntes | 219 |
| No se me oculta una lágrima | 220 |
| Para crecer en la vida | 221 |
| Para hacer un buen poema | 222 |
| Poetas de nuestra vida | 223 |
| Profetas de la luz | 224 |
| Quería cantar | 224 |
| Reflexiones a pie de la calle | 226 |
| Rendir honores | 227 |
| Romero de siete lunas | 228 |
| Sabios con buen criterio | 229 |
| Ser un sabio, 'saber estar' | 230 |
| Un canto de esperanza | 231 |

Un niño nace en patera ............................................. 232
Un río para soñar ...................................................... 233
Un tinto en la mano................................................... 235
Un verso en la vida ................................................... 236
Una lágrima ............................................................... 237
Utopía en tierra ......................................................... 238
Vocación.................................................................... 239
Voluntad de resistencia............................................. 241

## 5. Ensoñación
### *El misterioso reino de la utopía*

Acordes de canto joven ............................................. 245
Al alba primera.......................................................... 246
Al calor de las estrellas ............................................. 247
'Allá en el fondo sueñan'........................................... 248
Aromas de Jueves Santo........................................... 249
Brillan los sueños ...................................................... 250
Cadencia de Pascua................................................... 251
Cuando la noche termine.......................................... 252
De ilusión también se vive ....................................... 253
¿Dónde estará mi caballo?........................................ 254
Donde juegas las estrellas ........................................ 255
Ecos de paz en Belén ................................................ 256
El corazón del Ángel ................................................. 257
El niño y la mariposa ................................................ 258
El poder de las caricias ............................................. 259
El sueño de un anciano ............................................. 260

| | |
|---|---|
| En la cueva de Belén | 261 |
| Enjambre de luces | 262 |
| Entre sueños y vigilias | 263 |
| Gloria a la Madre y al Niño | 264 |
| Ha nacido el Niño | 265 |
| Hay un despliegue de luces | 266 |
| La sonrisa | 267 |
| La tarde huele a romero | 268 |
| Latidos de ternura | 269 |
| Mascota | 270 |
| Mirad al alba, pastores | 271 |
| Mirad, cantad y soñad | 272 |
| Nana de la estrella | 273 |
| Nana del niño dormido | 274 |
| Navidad es un encuentro | 275 |
| Niño sin cuna | 276 |
| No, no es que yo esté soñando | 277 |
| Poetas de tierra virgen | 278 |
| ¡Que nadie secuestre el alma! | 279 |
| Se ensancha el corazón | 280 |
| Siete jinetes blancos | 281 |
| Silencio, que sueña el Niño | 282 |
| Soñar en días de lluvia | 283 |
| Sueños del alma | 284 |
| Sueños Inocentes | 285 |
| Ternura, aliento espiritual | 286 |
| Una sonrisa tierna | 287 |
| ¡Vaya una escena! | 288 |

### 6. El misterio de María
*María es de los misterios el más dulce*
**(Miguel de Unamuno)**

| | |
|---|---|
| Agua de la Virgen | 291 |
| Ahí tienes a tu Hijo | 292 |
| Alabanza y gloria eternas | 293 |
| Asunta al cielo | 294 |
| Con admiración de aurora | 295 |
| Con perfume de misterio | 296 |
| Cúmplase en mí tu Palabra | 297 |
| Descanso de altares | 298 |
| Desposorios. María y José | 299 |
| El anuncio del Ángel | 300 |
| El silencio de María | 302 |
| El viaje del júbilo | 303 |
| Fiesta de la Asunción | 304 |
| Fiesta de las Candelas | 305 |
| Flor de Galilea | 306 |
| Instante sagrado | 307 |
| La sonrisa de María | 310 |
| Limpia y pura | 311 |
| Llena de gracia. Inmaculada | 312 |
| Luz del alba | 313 |
| María, cristal de alas | 314 |
| María, fantasía en gracia | 315 |
| María, 'la sola esclarecida' | 316 |
| María, madre doliente | 317 |
| María, resplandor en llamarada | 318 |

María, vidriera de Dios ................................................. 319
Mensaje en el anuncio ................................................. 320
Niña de alta gracia ....................................................... 321
Para verse con la Virgen .............................................. 322
Paz en despliegue de sonrisas .................................... 323
Silencio, misterio y gracia ............................................ 324
Sueño de María ............................................................ 325
Virgen de los Ojos Grandes ......................................... 326
Virgen peregrina .......................................................... 327

## 7. Advocicones y santos
### *Testigos del Resucitado*

Augusta paloma blanca ............................................... 331
Dos corazones en flor .................................................. 332
El encuentro con María ................................................ 333
El robledal de leyenda ................................................. 334
En los márgenes del Ebro ........................................... 336
Fuente de la Cueva ..................................................... 337
María de La Vid ........................................................... 338
Romance del niño cantor ............................................. 339
La Virgen de la Portería ............................................... 341
Virgen de la limpia sonrisa .......................................... 342
Virgen del Lirio ............................................................ 343
Águeda de Catania ...................................................... 344
Amigos de Dios. Testigos ............................................ 346
Carlo Acutis ................................................................. 347
Cecilia, Virgen y mártir ................................................ 348
Heraldo del rigor .......................................................... 349

Inés, virgen y mártir ..................................................... 350
María Magdalena ......................................................... 351
Paz y sonrisa ............................................................... 353
San Francisco de Asís .................................................. 353
San Isidro Labrador ..................................................... 354
Santo Domingo de Guzmán ......................................... 355
Sencillez y canción blanca ........................................... 356